知識ゼロからの空海入門

●密教の歴史
●即身成仏
●真言
●護摩
●曼荼羅の世界

●大日如来
●薬師如来
●釈迦如来
●普賢菩薩
●地蔵菩薩

大正大学名誉教授
福田亮成

幻冬舎

知識ゼロからの

空海入門

はじめに

弘法大師・空海（以下、空海）は、奈良時代から平安時代へと移り変わる不安定な時代に登場し、その持てる才能を自由自在に発揮した人物である。独特な密教体系を中心に、ほかの文化領域までをも高みへと押し上げた。

山にたとえるなら、密教というひとつの山のみではなく、いくつもの山々を作り、それはまるで八ヶ岳のように幾重にも連なる山のように見える。

空海は、五一歳のときに記した文章のなかで「私は二〇歳より五〇歳にいたるまで山林を住み家とし、修行にあけくれ、世の中のことには経験がなく、それにたずさわることは耐え難いことであります」と述べているが、実際は、世の中からかけ離れた修行者ではなく、むしろ世の中にたたずみ、その矛盾や歪みに積極的にかかわったといえる。

当時の政情の混乱に対して、国の平和を求め、人々の幸福を願って、弟子たちと共に修法《しゅほう》（密教での祈禱）を行なっている。

また、高い教育理念を掲げた綜藝種智院《しゅげいしゅちいん》を開設し、一般の人々のために教育の場を提供している。さらには、度重なる池の氾濫《はんらん》に悩まされていた郷土の人々のために、満濃池《まんのういけ》（香川県）の修築事業の指揮までとっている。

このように空海は、宗教という枠に留まることなく、教育、土木事業など多方面でその才能を発揮したのである。

その空海について、今や関連書籍や啓蒙書は数多くあるものの、空海を論じた書籍はどうしても難解な内容になりがちで、一般読者を遠ざけてしまう傾向にあった。その点、本書は従来になく、一般読者に寄り添ったものになったのではないかと自負している。

空海の世界のすべてにわたり、要点をはずすことなく注意深く網羅されているので、密教という山についてはもちろん、幾重にも連なる山々についても理解を深めることができるだろう。

本書は、それら山の頂上を目指すうえで、初心者用のガイドブックとして役に立ててほしい。そして、すこしでも山の高みを目指し、そこから空海の風景を望見されることを期待したい。

福田　亮成

目次

第2章　空海の教え、密教という世界

第3章　密教世界の神仏たち

終章 空海が残した言葉

章末コラム

序章 空海が生きた時代

空海とは誰か——？
日本で真言密教を広めた実在の人物でありながら、
人智を超えた奇跡を数々起こした伝説を持つ人物である。
日本の宗教史のなかで、お不動さんやお地蔵さまのように、
お大師さまとして民間信仰の対象となったのは、空海ただ一人だ。
なぜ、人々の信仰の対象にまでなったのか、
人々を惹きつける空海の思想とは、どんなものだったのか？
空海について知る前に、
ここでは空海がどんな時代を生きたのか、俯瞰しておこう。

二つの顔を持つ空海

大師信仰の対象としての顔と実在の人物としての顔

さまざまな民間信仰
不動信仰
炎ですべての障害と悪を取り払う不動明王に対する信仰。現世利益から、時代を問わず庶民のあいだで広く信仰され、「お不動さん」として親しまれている
大師信仰
空海は、弥勒菩薩が現れるまで現世に留まり、諸国を巡って人々を救い続けているという信仰。そこからゆかりの地を巡礼する「お遍路」が生まれた
薬師信仰
薬壺を持ち、病気を治すご利益があるとされる薬師如来に対する信仰
地蔵信仰
弥勒菩薩が現れるまで娑婆に留まって人々を救う地蔵菩薩に対する信仰。人が死んだあと地獄の苦しみから救ってくれるという
観音信仰
すべての人々を観察し、助けを求める人がいればすぐに救いの手を差し伸べてくれる観音菩薩に対する信仰
弥勒信仰
弥勒を拝んで弥勒の弟子となって成仏するという上生信仰と、未来に弥勒がこの世に降り立って救ってくれるという下生信仰がある

仏教各宗派の開祖のなかで、広く民間信仰の対象となったのは弘法大師・空海だけである

人間・空海の素顔とは？

空海には二つの顔がある。ひとつは、数々の奇跡を起こし、伝説を残した弘法大師の顔である。

のちに大師信仰という民間信仰が生まれ、人々は大師講という組織を作って「お大師さま」を信仰した。観音さまやお不動さんなどと並んで民間信仰の対象になり、これほどまでに広く信仰されるようになった人物は、日本の宗教史上、空海一人だけだろう。

雨乞いの法力を競ったとか、永遠の命を保っているとか、お大師

空海について知る２つの側面

人間・空海としての側面

讃岐国で生まれ、日本で真言宗を開き、62歳でその生涯を閉じた1人の実在した人間としての空海

- 遣唐使として唐に留学をする
- 唐で密教の正統を受け継ぐ
- 最澄と交流するも疎遠になる
- 高野山を開創する
- 東寺を賜り真言宗を開く
- 綜藝種《しゅげいしゅ》智院《ちいん》を開設する

信仰の対象としての側面

人々がお大師さまとして信仰する、数々の奇跡を起こして超人的な活躍をした弘法大師

- 瞑想中に金星を飲み込む
- 三鈷杵《さんこしょ》を唐から日本まで投げる
- 人々の前で光り輝く仏に変じる
- 死ぬことなく現世に留まり人々を救う
- 天竺《てんじく》にすむ竜神を勧請《かんじょう》して雨を降らせる
- 狩《かり》場《ば》明神《みょうじん》と丹生《にう》都比売《つひめ》から高野山を賜る

↓

どちらも空海を語るうえで欠かせない側面

さまにまつわる奇譚や伝承は枚挙にいとまがない。

空海のもうひとつの顔は、讃《さ》岐国《ぬきのくに》で生まれ、六二歳で生涯を閉じた実在の僧としての顔である。彼はたぐいまれな学才を持ち、三一歳で入唐《にっとう》すると、世界のさまざまな文化をあまねく吸収し持ち帰った。それは、日本で真言密教として大きく結実した。

それだけでなく空海は多くの分野の書物を著し、教育機関を設立し、土木工事までやってのけた。これらもまた超人的な事蹟ではあるが、人々を救うために行なったまぎれもない空海の実績である。本書では伝説に彩られた弘法大師・空海だけでなく、実在の人間としての僧・空海の姿とその思想を追っていく。

空海を求める時代

従来の国家仏教から決別を図ろうとする転換期

空海が登場した時代背景

700年代はじめ

政治の不安定化

七二九年　長屋王の変
七四〇年　藤原広嗣《ひろつぐ》の乱

700年代中ごろ

聖武天皇の仏教保護

緊迫した政治情勢と社会不安が広がったため、聖武天皇は仏教の持つ鎮護国家の思想によって国家の安定を図った

七四一年　国分寺建立の詔《みことのり》
七四三年　大仏造立の詔

南都六宗の隆盛

平城遷都にともなって飛鳥・藤原京から新京に移された薬師寺、大安寺、元興寺《がんごうじ》、平城京で新たに建てられた興福寺、東大寺、西大寺、さらに法隆寺を合わせた南都七大寺で発展した南都六宗が隆盛を極める

法相宗《ほっそう》　倶舎宗《くしゃ》　華厳宗《けごん》
三論宗《さんろん》　成実宗《じょうじつ》　律宗《りっ》

桓武《かんむ》天皇が望んだ新仏教

空海が生きた時代は、奈良時代から平安時代に移ろうとする変わり目であった。

奈良時代、政情不安のために仏教に深く帰依していた聖武《しょうむ》天皇は、仏教の持つ鎮護国家の思想によって国家の安定を図ろうとしていた。しかし、これが政治と仏教の結びつきを強め、僧・道鏡が皇位を狙うという事件を招いてしまう。

聖武天皇から五代のちの桓武《かんむ》天皇は、こうした政治と仏教の関わりを嫌い、奈良の南都六宗との結

国家財政の圧迫

朝廷による仏教保護政策により、大寺院は壮大な伽藍や広大な寺領を持ったが、こうした造営事業は国家財政に大きな負担をかけた

761～770年ごろ

道鏡の政権掌握

政治と仏教が結びつき、称徳天皇の時代には、法王となった道鏡が政治を掌握して国政を動かし、天皇とともに仏教中心の政治を行なった

794年

桓武天皇の平安遷都

桓武天皇はそれまでの仏教政治の弊害を断つ意味も込めて、平城京から長岡京、平安京と遷都を重ねた。それでも、平城京の南都七大寺の移転はゆるさなかった

800年代はじめ

空海の登場

桓武天皇の時代は勢力争いが絶えず、それに敗れた人々の怨霊事件が相次いだ。空海の真言密教はこうした社会情勢にうまくマッチしたのである

びつきを断つため七八四（延暦三）年、平城京から長岡京へ遷都した。しかし、このころ、長岡京造営責任者・藤原種継《たねつぐ》暗殺の嫌疑をかけられ憤死した、皇太弟・早良《さわら》親王の祟りと思われる関係者の不審死が続き、これを恐れて桓武天皇は再び都を平安京に移した。

空海が登場したのはこのような時代であった。桓武天皇は、従来の国家仏教とは異なる新しい仏教を求めていた。

山林修行をする私度僧《しどそう》の一人であった空海は、山岳信仰に唐の密教を取り入れ、真言密教として大成させた。呪術的要素を含むこの新しい仏教は、怨霊の不安におびえ、その鎮魂が大きな課題だった時代の要請にかなっていたのである。

空海関連年表

――出生から入定《にゅうじょう》まで――

西暦	年齢	空海に関する主な出来事	そのほかの出来事
七一〇			平城京に遷都
七七四	一	●六月一五日、空海が讃岐国多度《たど》郡屏風ヶ浦で生まれる（幼名は真魚《まお》）	六月一五日、不空三蔵入滅
七八八	一五	●おじの阿刀大足《あとのおおたり》のもとで、儒教を中心とした学問を学ぶ	比叡山寺創建
七九一	一八	●都に上り大学に入学。中国の古典などを学ぶも、二年あまりで退学	
七九三	二〇	●一人の沙門《しゃもん》に出会い虚空蔵求聞持法《こくうぞうぐもんじほう》を授けられ、実践。山林修行に入る	
七九四			桓武天皇、平安京に遷都
七九七	二四	●『三教指帰《さんごうしいき》』を著す	坂上田村麻呂《さかのうえのたむらまろ》、征夷大将軍に任ぜられる 『続日本紀《しょくにほんぎ》』の編纂が終わる
八〇四	三一	●正式に得度《とくど》する。遣唐使船に乗り難波津を出港し、唐に入る	最澄、遣唐使船で唐に渡り天台教学を学ぶ
八〇五	三二	●青龍寺に恵果《けいか》を訪ねる。空海は恵果から胎蔵界、金剛界、伝法《でんぼう》の灌《かん》頂《じょう》を立て続けに授かる ●恵果の入滅後、帰国を決意する	
八〇六	三三	●帰国し、『御請来目録《ごしょうらいもくろく》』を朝廷に提出する	桓武天皇没。平城《へいぜい》天皇即位
八〇七	三四	●朝廷から入京の許しが下りず、筑紫国太宰府の観世音寺に留まる	
八〇九	三六	●和泉国から京都に入る許しが下りる ●最澄から密教経典の借覧を申し込まれる	平城天皇譲位し、嵯峨《さが》天皇即位
八一〇	三七	●高雄山寺《たかおさんじ》で国家鎮護の修法を行なう	薬子《くすこ》の変が起こる

八一一	三八	●乙訓寺《おとくにでら》の別当に任ぜられる	
八一二	三九	●空海のもとに最澄が訪れ、灌頂を求める。最澄に金剛界、胎蔵界の灌頂を授ける	
八一三	四〇	●空海の下で泰範《たいはん》ら最澄の弟子が密教を学ぶ ●最澄からの『理趣釈経』の借覧申し込みに対して、断りの返事を送る このころから最澄との交流が疎遠になる	
八一六	四三	●道場建設のため高野山の下賜を願い出て、許される	
八一九	四六	●『即身成仏義』『声字実相義《しょうじじっそうぎ》』『吽字義《うんじぎ》』などの教義書を数多く著す	
八二一	四八	●讃岐国の満濃池の修築を行ない、三か月で完成させる	藤原冬嗣、右大臣に就任
八二二	四九	●東大寺に戒壇院《かいだんいん》を建立する	最澄、五六歳で入滅
八二三	五〇	●東寺を下され、教王護国寺とする	淳和《じゅんな》天皇即位
八二七	五四	●大僧都に任ぜられる	比叡山に戒壇院が設置される
八二八	五五	●綜藝種智院を開設し、庶民に大学の門戸を開放する	
八三〇	五七	●『秘密曼荼羅十住心論《ひみつまんだらじゅうじゅうしんろん》』『秘蔵宝鑰《ひぞうほうやく》』『般若心経秘鍵《はんにゃしんぎょうひけん》』『弁顕密二教論《べんけんみつにきょうろん》』などの主著を著す	
八三一	五八	●病により大僧都を辞することを請う	
八三二	五九	●高野山で万灯万華会を営む ●このころから高野山において坐禅にふける	
八三四	六一	●宮中真言院で毎年後七日御修法《ごしちにちみしほ》を行なうことを奏上し、恒例となる	
八三五	六二	●三月二一日、高野山で入定《にゅうじょう》する	
九〇七			唐が滅びる
九二一		●弘法大師の諡号《しごう》を賜る	

第1章 空海という男の生涯

空海が仏門に入るきっかけは、ある沙門《しゃもん》との出会いだった――。
官吏《かんり》の道を捨ててまで、空海が求めたものはなんだったのか、
命がけで唐に渡り、恩師から授かったものとは？
空海の出生から、唐での修行、最澄との出会い、
そして真言宗の誕生へと至るまで、彼の生涯を追いながら、
真言密教が日本で広まっていく過程を見ていく。
いかに空海が、当時の時代に希求されていた人物だったかがわかるはずだ。

774年

空海、誕生す

出生のきっかけは、母の枕元にインドの聖人が立ったから？

1歳

空海の系図

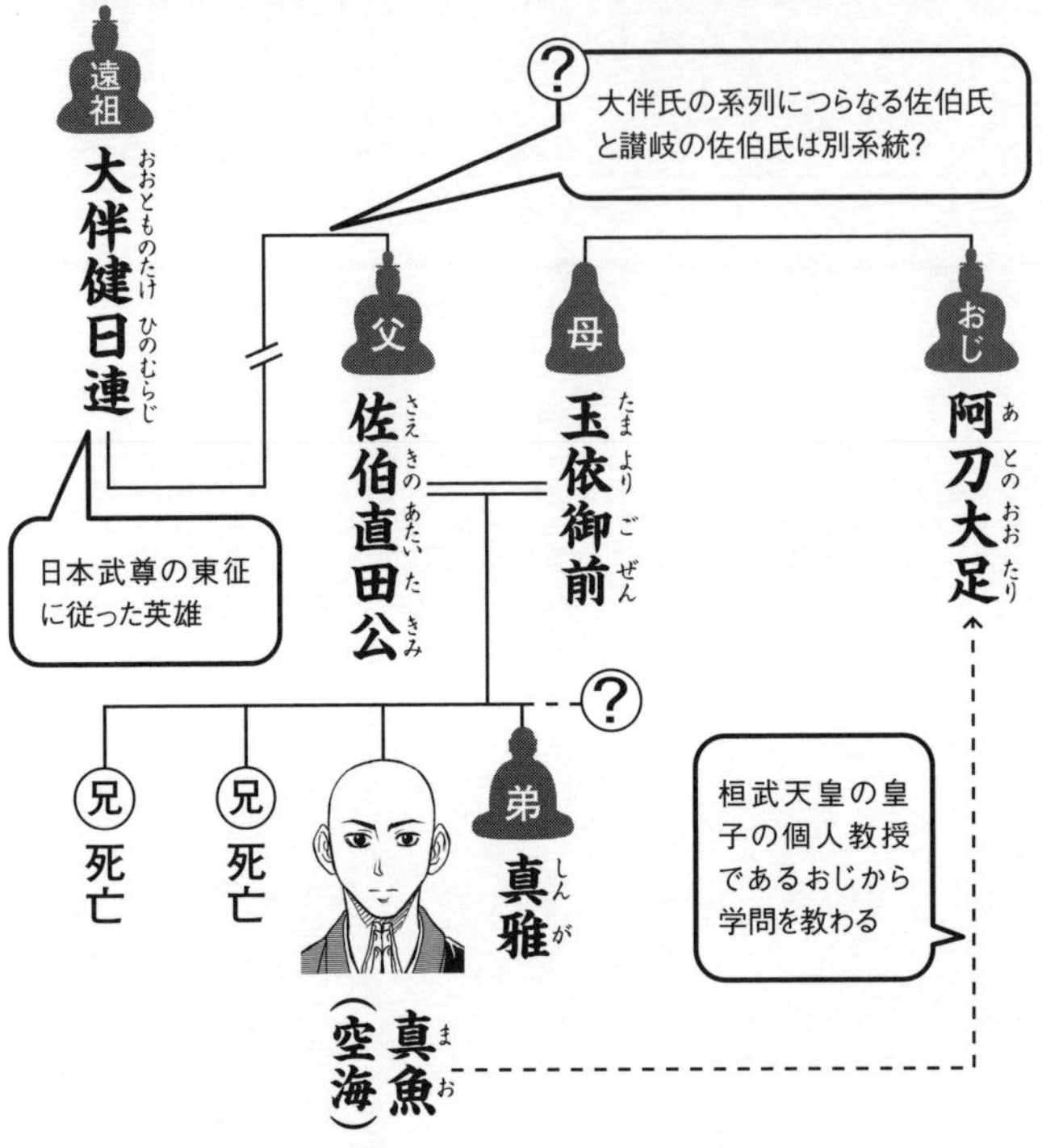

遠祖
大伴健日連《おおとものたけひのむらじ》
日本武尊の東征に従った英雄
大伴氏の系列につらなる佐伯氏と讃岐の佐伯氏は別系統?
父
佐伯直田公《さえきのあたいたきみ》
母
玉依御前《たまよりごぜん》
おじ
阿刀大足《あとのおおたり》
桓武天皇の皇子の個人教授であるおじから学問を教わる
兄
死亡
兄
死亡
弟
真雅《しんが》
真魚《まお》（空海）

空海はその出自を誇っていたようだが、じつは佐伯氏の家系は大伴氏とは別系統である可能性が高い

天才密教僧の生まれ変わり

空海は、光仁《こうにん》天皇の時代である七七四（宝亀五）年六月一五日、讃岐国多度郡屛《びょう》風《ぶ》ケ《が》浦《うら》で生まれた。そこに、常人離れした出生秘話が伝わっている。

あるとき空海の母・玉依《たまより》御《ご》前《ぜん》が寝ていると、インドから聖人が飛来して懐中に入る夢を見た。目が覚めるとすでに懐妊、その一二か月後に空海を出産したというのだ。

さらに、この日が中国で密教を広めたインド人密教僧・不空《ふくう》が入滅した日と同日であったことから、

伝説1　空海は不空の生まれ変わり？

二人には共通点がある

空海
① 生誕日　6月15日
② 唐から伝えた密教を日本で布教する

不空
① 入滅日　6月15日
② インドから伝えた密教を唐で布教する

空海には不空の思想の影響が見られ、またその生涯も似ている。こうした共通点が不空生まれ変わり伝説をあと押ししている

伝説2　懐妊の瞬間も特別な空海

母親が懐妊のおり、インドから飛来した聖人が懐中に入る夢を見た場面。このほかにも、12か月も胎内に留まったとか、誕生の瞬間、産屋の内外が神々しい黄金色に染まったという伝説もある

空海は不空の生まれ変わりではないかともいわれた。

人間離れしたその後の空海の活躍を考えれば、このような逸話が生まれるのも納得できる。

空海の母は代々学問の職を務めた阿刀《あと》氏の出身で、父は多度郡一帯を治める郡司・佐伯直田公《さえきのあたいたきみ》といった。

この佐伯氏は、日本武尊《やまとたけるのみこと》の蝦夷《えみし》討伐《とうばつ》に同行して武功をあげた大伴健日連《おおとものたけひのむらじ》の末裔だという。

空海はこの佐伯氏の血筋を引いていることを誇りにしていたという記録が残っているが、じつはこのとき征伐された蝦夷も佐伯部《さえきべ》といい、空海の家系は蝦夷を征伐した側の佐伯ではなく、征伐された側の佐伯であった可能性があることがわかっている。

774~787年

神童の少年時代

周囲から一目置かれていた 真魚《まお》少年の伝説の数々

1~14歳

按察使《あぜち》もひれ伏した少年

空海は、幼名を真魚《まお》といい、現在の香川県にある佐伯氏の氏寺で育った。

幼いころから仏教に親しみ、読み書きの能力に優れていたことから、両親は彼を「貴物《とうともの》」と呼んで、慈愛の限りを尽くした。

真魚はほかの子どもたちのように野山を走り回ったりすることなく、一人静かに泥をこねて仏像を作って遊んだ。五、六歳のころには、自らが八葉蓮華《はちようれんげ》の上に座り、諸仏菩薩と対話する夢をよく見たという。

これは真魚が八、九歳のころのエピソードである。ある日、この村に按察使《あぜち》の一行がやって来た。按察使とは、当時、地方の政情を監督して回っていた巡察使のことで、彼らは絶大な権力を誇っていた。

按察使の一人が真魚の姿を見た途端、はじかれたように馬の鞍からすべり降り、「なんと尊いお姿よ……」とつぶやいたのである。

そして丁寧に腰をかがめて「和《わ》子《こ》の名前はなんと言われる」と尋ねると、真魚は臆することなく自分の名を答えた。

すると按察使は、「これはまたなんとすずやかなお声であることか。いずれ天下に名をあらわされる相を備えておられる。しっかりとご修行なされませ」と深々と拝礼して立ち去っていった。

これを見た里人たちは興奮して、「按察使さまが貴物を拝んでいったぞ」「貴物には後光が差しておった」「仏さまの生まれ変わりかもしれん」とどよめいたという。

このような逸話が言い伝えられたことは、のちの空海の事蹟から考えればそれほど不思議なことではないだろう。

巡察中の按察使《あぜち》もおもわず拝んだ“少年”

なんと…尊い お姿よ…
な、名前は なんといわれる
真魚と 申します
おお なんと ほれぼれする みごとな和子
いずれ天下に名をあらわされる相を備えておられる

これは空海が8、9歳のころ、村に来た按察使が真魚少年をひと目見ただけでその才能を見抜き、深々と拝礼したという少年時代の神童ぶりを思わせるエピソード

Column 空海伝説

三度の身投げ

真魚少年が七歳になったとき、家の近くの山に登り、「わたしは将来、仏の道で多くの人を救いたいと思っています。この願いがかなうなら命を救ってください」と祈って身を投げた。

するとどこからともなく天女が現れ、真魚の体をひらりと受け止めた。真魚はそれを三度も繰り返したが、その度に天女が現れ、傷ひとつ負わなかったという。

これがのちに「捨身《しゃしん》ヶ《が》嶽《たけ》」と呼ばれる山である。

788～793年

仏門に転じる

満たされない大学生活を送る空海に訪れた転機

15～20歳

エリートコースを自ら捨てた空海

788年ころ　讃岐から都に上り、おじの阿刀大足のもとで漢籍を学ぶ

▼

791年ころ　当時のエリートコースである大学に入学し明経科《みょうぎょうか》に進む

大学では、書経、周礼、春秋、孝経、論語、周易、儒教の経典などを学ぶ

▼

793年ころ　ある沙門から虚空蔵求聞持法を教わったことから、仏門に惹かれていく

空海は大学で勉強していては本当に大切なことを学べないと感じ、大学を途中で退学し密教を究める旅に出る

官吏《かんり》から僧へ

神童といわれた少年期の空海は、讃岐の地方教育機関である国学で文章や詩を学んでいたが、一五歳になると、伊予親王（桓武天皇の皇子）の個人教授だった母方のおじ・阿《あ》刀《との》大《おお》足《たり》を頼って長岡京へ上った。

おじのもとで三年間、論語や史伝などを学んだのち、空海は七九一（延暦一〇）年、一八歳で官《かん》吏《り》養成機関である大学に入学する。

空海は、雪や蛍の光を灯りとして読書をし、眠気を防ぐため首に

空海の運命を変えたある沙門《しゃもん》との出会い

大学という場に疑問を抱きはじめた空海ある日、一人の沙門に出会う
迷うておるな
「虚空蔵求聞持法《こくうぞうぐもんじほう》」という修行を行なってみるがよい
その修行とは――
……
決めた!!
1人の沙門と出会ったことが、その後の空海の人生を決定づけた

縄をかけ、錐《きり》で股を刺しながら、それまで以上に勉学に励んだ。

しかし、おじにみっちりと教育を受けてきた空海にとって、大学の学問は飽き足らなかった。また、「大学に通うのは箔《はく》をつけるためだけ」という、同輩である貴族の子弟たちの学問に対する姿勢にも、疑問を抱いていた。そして、彼らと同じように官吏となって安泰に暮らすという将来に疑問を感じるようになっていったのである。

そんなおり、空海は一人の沙門《しゃもん》（修行僧）と出会い、「虚空蔵求聞《こくうぞうぐもん》持法《じほう》」という行法を授かる。それを契機に空海は、官吏の道から仏門に転じて、宇宙普遍の真理を追究したいと思うようになる。大学をわずか数年で辞め、私度僧《しどそう》として修行をはじめたのであった。

797年

『三教指帰《さんごうしいき》』を著す

自身の歩みと信仰を記した自伝風戯曲

24歳

三教指帰のストーリー

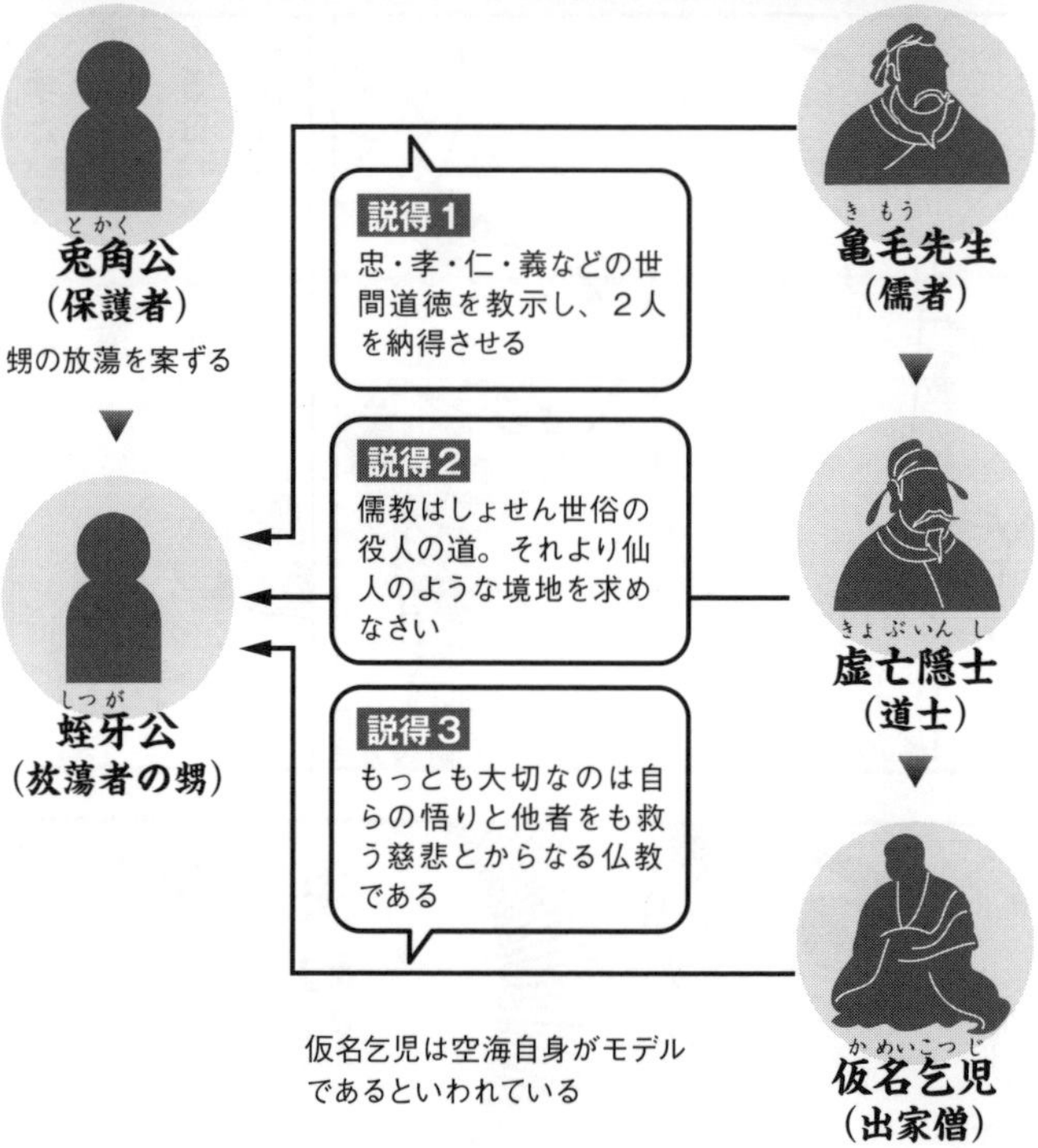

兎角公《とかく》
（保護者）
甥の放蕩を案ずる
蛭牙公《しつが》
（放蕩者の甥）
説得1
忠・孝・仁・義などの世間道徳を教示し、2人を納得させる
説得2
儒教はしょせん世俗の役人の道。それより仙人のような境地を求めなさい
説得3
もっとも大切なのは自らの悟りと他者をも救う慈悲とからなる仏教である
亀毛先生《きもう》
（儒者）
虚亡隠士《きょぶいんし》
（道士）
仮名乞児《かめいこつじ》
（出家僧）
仮名乞児は空海自身がモデルであるといわれている

甥の放蕩《ほうとう》に手を焼いた主人が、戒めてもらうよう諸氏に相談してまわるストーリー。儒教や道教より仏教が勝っていることを戯曲仕立てで語っている

金星を飲み込んだ男

たった一人、真理を求める修行の日々がはじまった。

ある日のこと、空海は土佐・室戸岬で一心に虚空蔵求聞持法《こくうぞうぐもんじほう》を行なっていた。この行法は虚空蔵菩薩《こくうぞうぼさつ》の真言を五〇日ないし一〇〇日間で一〇〇万回唱えるというもので、場合によっては命を落とす荒行である。

ひたすら真言を唱える空海の心は、やがて澄み渡り、体は自然と一体になっていった。

ここで空海は人生を変える神秘

修行中の空海、明けの明星を飲み込む

空海が土佐の室戸岬で虚空蔵求聞持法の修行をしていたときのこと。突然、水平線のかなたに光り輝く星が現れ……

突如口のなかに飛び込んできたのは、虚空蔵菩薩の化身である明けの明星だった。この奇跡を通して仏教に対する確信を深めた空海は『三教指帰』を著すことになる

体験を得る。空海がふと前方を見ると、明けの明星といわれる金星（虚空蔵菩薩の化身）が水平線の彼方に見えた。しかし、次の瞬間それは彼方ではなく空海のすぐ目の前にあり、口のなかに飛び込んできたという。

金星を飲み込んだ空海は自分の意識が大宇宙に溶け込んでいくのを感じた。このときのことを空海は「明星《みょうじょう》来影《らいえい》す」と記している。

この体験を通して、空海は仏教に対する確信を深めていくのだ。

そして二四歳のときに『三教指《さんごうし》帰《き》』という最初の書を著し、出家を宣言する。序文には自伝と出家の動機を、本文では儒教や道教よりも仏教が優れているという自らの考えを、戯曲仕立ての物語で表現している。

797~804年

『大日経《だいにちきょう》』に出会う

空海を密教の世界へと導いた密教経典

24~31歳

ある日、枕元に仏が立った！

空白の７年間

各地の霊山を巡って修行を積み、大寺院で経典を読みふける日々

↓ ある日、夢のなかでお告げが……

大和国
高市郡の
久米寺《くめでら》に行け

真理を見出せず悩む空海に、夢のなかで仏の声を聞く

↓ 久米寺へ行ってみると……

そこには**大日経**があった
これを理解するには唐へ渡るしかない!!

空海は大日経に説かれている教えこそが真理に違いないと直感する

記録のない空白の七年間

『三教指帰』を著したのち、空海の消息はぱったりと途絶えてしまう。三一歳までのこの時期は記録が残っておらず、「空白の七年間」と呼ばれる。この間、霊山聖地を巡ったり、奈良の寺で経典を読んだりして修行を続けていたといわれている。しかし、求める真理に辿り着くことはできなかったようだ。

そんなある日、夢に仏が出てきて、大和国高市郡の久米寺《くめでら》へ行くように告げたという。急いで赴い

密教の根本経典『大日経《だいにちきょう》』と『金剛頂経《こんごうちょうぎょう》』

大日経

大日如来が金剛薩埵《こんごうさった》の質問に答える形式でつづられ、悟りとはなにかを説く理論編と悟りに至る実践編に分かれている

大日如来

質問 「悟りとは？」

回答 「自分を知ることだ」

金剛薩埵

金剛頂経

「真実とはなに？　どうすればそれを得られる？」というお釈迦さまの質問に、大日如来が曼荼羅で真実の内容を示しながら、あわせて実践法を伝授するというもの

大日如来

質問 「真実とは？　どうすれば
それを得られる？」

回答 「悟りの内容を曼荼羅で示す」

伝授 実践法（五相成身観《ごそうじょうしんかん》）を伝授

釈迦

真言宗でもっとも重んじられる経典が『大日経』と『金剛頂経』。この２つの経典で展開される密教を体系化したのが空海が広めた真言密教である

た久米寺の宝塔《ほうとう》で、空海は『大日《だいにち》経《きょう》』という経典を発見した。

それには空海が今まで知らなかった「密教」の教え、つまり宇宙の真理そのものである大日如来の教えが書かれていた。

その内容は「悟りとはすべての者を救おうという慈悲の心（大悲）を持ち、求めて努力しようとする決意（菩提心）にはじまる。悟りの究極の目的は自己を顧みず他者に尽くすこと（方便）にある」と説くものだった。

空海は、これこそ真理だと直感したが、その内容はあまりにも難解であり、空海の周りはおろか、国内には尋ねる師もいなかった。空海はこうして、密教が盛んな唐に渡ってこの経典の奥義をつかもうと決意を固めたのだった。

804年

入唐《にっとう》を決意する

なぜ一介の私度僧《しどそう》が、遣唐使船に乗れたのか？

31歳

空海の入唐にまつわる３つの謎

謎1 空海はなぜすぐに得度《とくど》できたのか？

可能性 奈良仏教界のバックアップ

奈良仏教に批判的な最澄の対抗馬として空海に期待したため、あっさり得度を認めた

謎2 留学費用はどうやって調達した？

可能性 阿刀大足のバックアップ

桓武天皇の息子・伊予親王の個人教授である阿刀大足が資金面と政治面からサポートした

謎3 無名の空海がなぜ遣唐使に選ばれた？

可能性 朝廷のバックアップ

桓武天皇に仕えた佐伯今毛人《いまえみし》の功に報いるため、佐伯一族である空海の入唐を認めた

空海が遣唐使船に乗り込めたのは、幅広い各界の後ろ盾があったからという可能性がある

「渡りに船」の遣唐使派遣

入唐《にっとう》を決意した空海だが、当時は個人が私的に渡航するのは非常に難しかった。

しかしちょうどこのころ、久しく途絶えていた遣唐使の派遣が決定した。この絶好のタイミングを逃す手はない。

八〇四（延暦二三）年、それまで国家の認可を受けていない私度僧だった空海は、正式の僧となるため急遽、東大寺の戒壇院《かいだんいん》で受戒《じゅかい》（僧になるため定められた戒の順守を誓うこと）した。私度僧《しどそう》のま

空海、遣唐使の派遣に滑り込みで間に合う

遣唐使の
派遣再開!?
それは
本当ですか！
そこで空海はすぐさま
入唐の準備にとりかかる
入唐するには
私度僧のままでは
ダメだ
国家の
正式な僧に
ならねば
八〇四（延暦二三）年
空海は東大寺の
戒壇院で急遽
受戒し正式な
僧侶となる
その翌月、
すでに空海は遣唐使
船に乗っていた
それはまさに
滑り込みの
タイミングだった

空海は東大寺戒壇院で得度したその翌月に、遣唐使船に乗っている。次の遣唐使派遣は32年後だったことを考えると、絶妙のタイミングだった

までは留学僧《るがくそう》になれなかったからだ。

　じつは、遣唐使に参加するには莫大な留学費用がかかる。また、当時の朝廷は、寺院勢力を抑えるために得度《とくど》・受戒できる者を制限していた。こうした状況で、一介の私度僧であった空海が異例の早さで受戒し、費用を含めた入唐準備ができたのは、空海の同族である佐伯氏や阿刀大足《あとのおおたり》の後ろ盾によるところが大きい。

　佐伯氏のなかでも佐伯今毛人《いまえみし》は東大寺造営長官も務めた人物で、その一族である空海に対して特別な配慮があっても不思議ではない。

　また、阿刀大足は桓武天皇の皇子・伊予親王の学問上の師であり、そのことも空海に有利に働いたとも考えられる。

804年

福州《ふくしゅう》に漂着する

密輸船と間違えられ、上陸を阻まれたときにとった秘策とは？

31歳

空海と最澄の入唐ルート

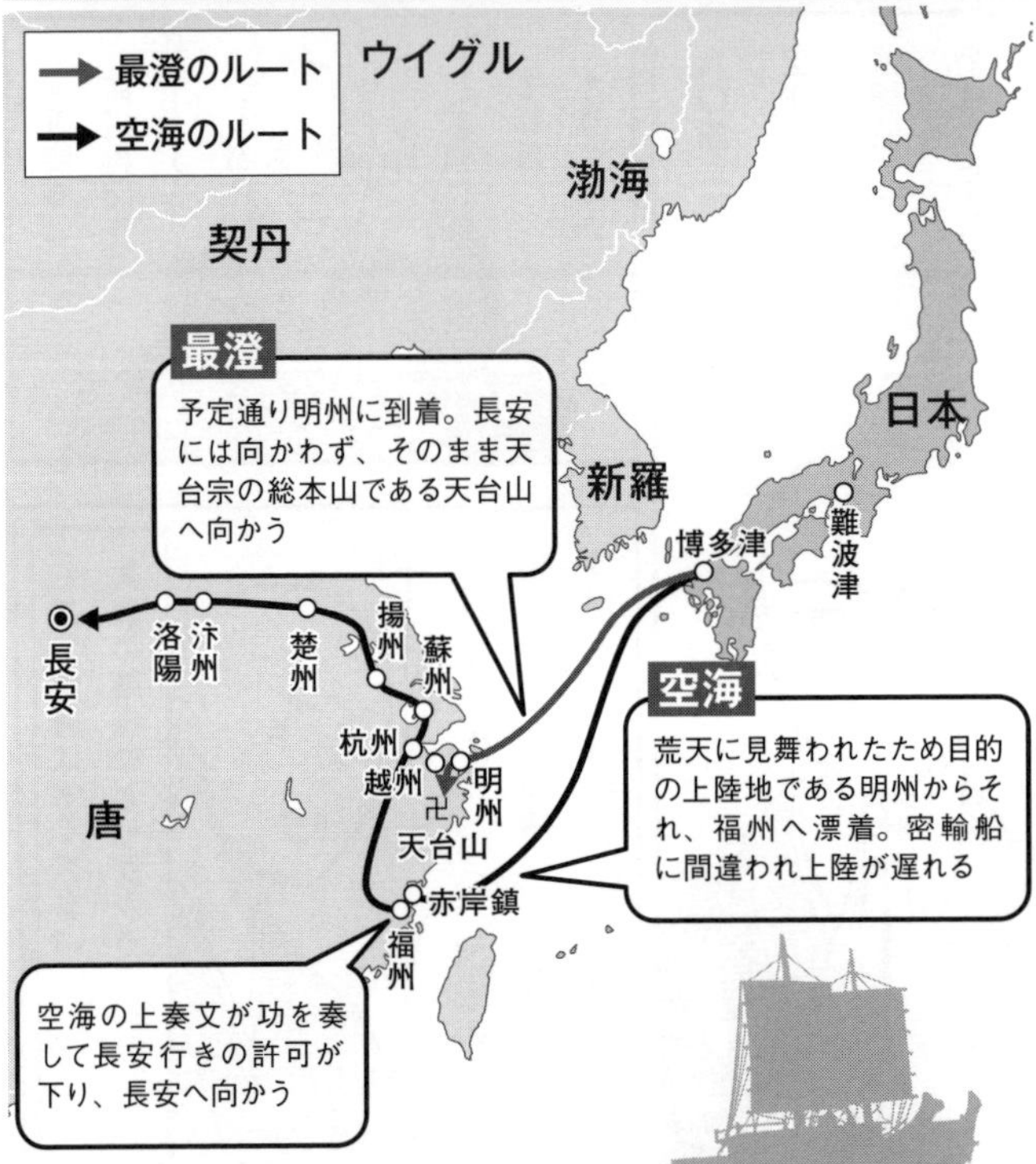

最澄のルート
空海のルート
ウイグル
渤海
契丹
日本
新羅
最澄
予定通り明州に到着。長安には向かわず、そのまま天台宗の総本山である天台山へ向かう
博多津
難波津
長安
洛陽
汴州
楚州
揚州
蘇州
杭州
越州
明州
天台山
唐
赤岸鎮
福州
空海
荒天に見舞われたため目的の上陸地である明州からそれ、福州へ漂着。密輸船に間違われ上陸が遅れる
空海の上奏文が功を奏して長安行きの許可が下り、長安へ向かう

荒天に見舞われたため、４隻の遣唐使船のうち1隻は難破、もう1隻は帰国したが、空海の乗った船は運良く漂着する

観察使を驚かせた名文

八〇四（延暦二三）年五月、空海は、天台宗の開祖最澄《さいちょう》も同行した遣唐大使・藤原葛野麻呂《かどのまろ》一行の一人として難波津《なにわのつ》を出港した。しかし、四隻の遣唐使船は嵐のため散り散りとなり、空海が乗った第一船は目的地より南方に流されて唐南部の辺境・福州《ふくしゅう》に漂着した。

遭難こそ免れたものの、一行は福州の観察使・閻済美《えんさいび》に密輸船ではないかと怪しまれた。船が岸壁に着くやいなや、みな船から下ろされてしまったのだ。一行は船に

空海の名文が役人の心を動かす

辺境に流れ着いた空海一行は、密輸船と間違えられ上陸を断られる。
遣唐大使・藤原葛野《かどの》麻呂《まろ》は上陸の許しを得るため役人に手紙を書くが……

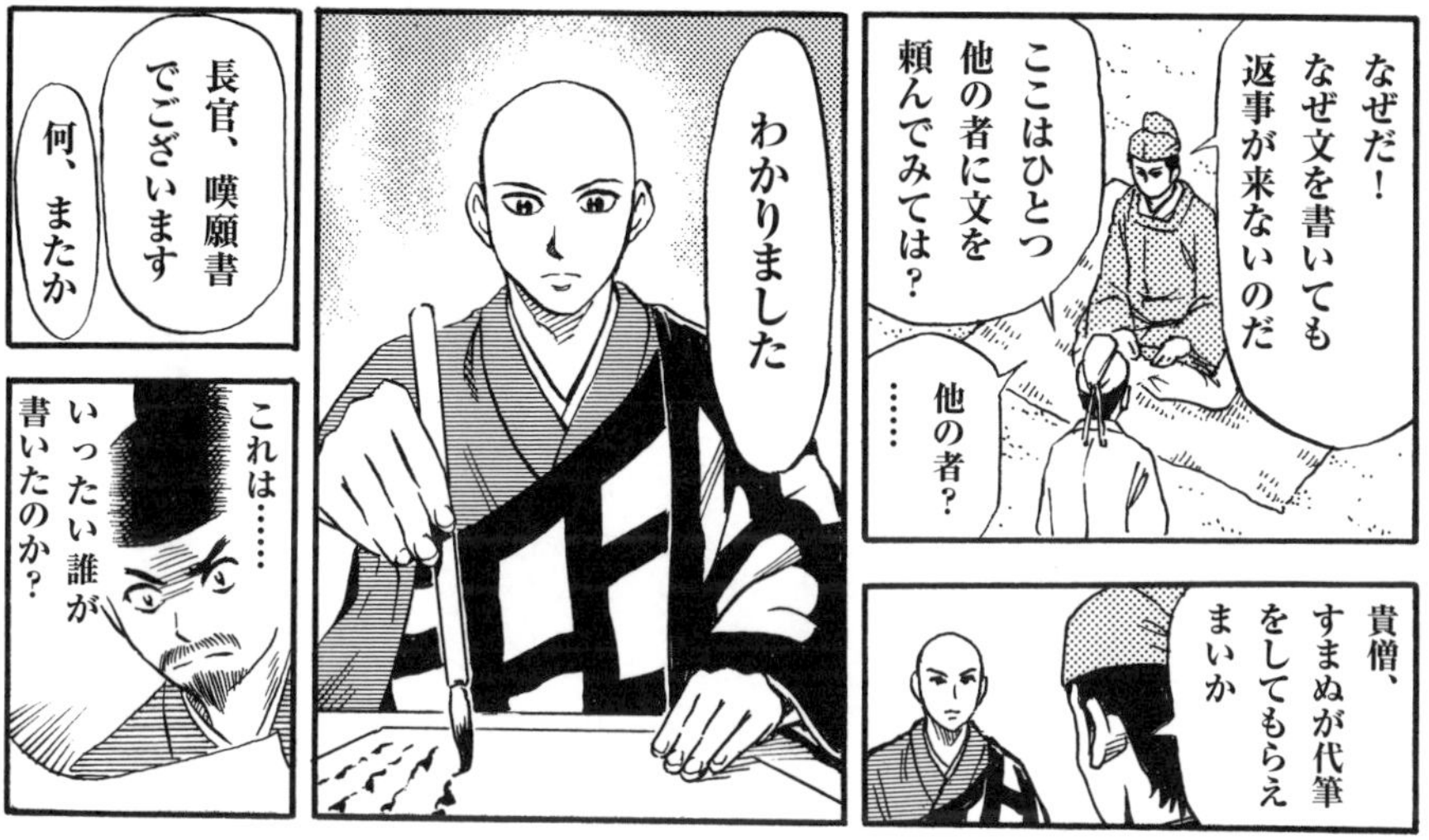
なぜだ！
なぜ文を書いても返事が来ないのだ
ここはひとつ他の者に文を頼んでみては？
……
他の者？
貴僧、すまぬが代筆をしてもらえまいか
わかりました
長官、嘆願書でございます
何、またか
これは……
いったい誰が書いたのか？

▼

東夷の国にかくも精妙な文を書く者がいるのか！

非の打ち所がない論理、韻を踏んだ華麗な文体、中国の古典を踏まえた教養溢れる内容は中国の官吏を納得させるのに十分だった

戻ることも許されず、湿った砂上で生活することを余儀なくされた。

葛野麻呂が「わたしは日本国の大使である」と主張しても閻済美は聞き入れなかった。葛野麻呂が書いた手紙も、文章を重んじる中国人の目からは拙《つたな》すぎて信用できないものだった。

そこに白羽の矢が立ったのが空海である。空海は葛野麻呂に代わり、「大使、福州の観察使に与うるが為の書」を書いた。その文章は、整然とした論理が展開されており、韻を踏んだ華麗な文体だった。今日、空海の残した著作のなかでも名文中の名文といわれるものだ。この書に閻済美は感銘を受け、長安への上京を認めた。こうして空海一行は、その年の一二月二三日、長安に到着する。

805年

恵果《けいか》に師事する

唐の都・長安で運命の師に辿り着く

32歳

唐の都で見聞を広げる

唐の都・長安は、世界中のあらゆる文化、思想が集まる大都市だった。空海は、立ち並ぶさまざまな宗教寺院の甍《いらか》を見渡しながら、ここにあるすべてのものを学んで帰ることを強く決意する。

まずは密教を理解するために欠かせない梵語をわずか三か月で習得。さらに儒教、道教をはじめ、景教（キリスト教ネストリウス派）やゾロアスター教、マニ教、イスラム教など、あらゆる宗教を学ぶ。

空海の非凡な才能は、唐の知識人たちの間でもたちまち知られるようになったという。

しかし、空海は遠い長安までやって来た本来の目的を、いまだ果たしていなかった。それは密教の奥義を究めることである。空海がこの半年間、さまざまな知識を貪欲に吸収していたのは、そのための準備だった。

空海の来訪を予言した師

そして機は熟す。ついに空海は、密教の根本道場・青龍寺《せいりゅうじ》の門を叩いたのである。ここには真言第七祖である恵果阿闍梨《けいかあじゃり》がいた。恵果は『大日経《だいにちきょう》』と『金剛頂経《こんごうちょうぎょう》』という二種類の密教経典を「両部の大経」という一つの教義として確立した偉大な密教僧である。

目の前に現れた空海に、恵果は「あなたの来ることは以前から知っていた。もう時間がない。さっそく取りかかろう。わたしはあなたにすべてを授ける」と言ったという。

恵果の弟子たちは、唐に来たばかりの異国の僧に密教のすべてを伝授するという恵果に驚いたが、恵果は空海が来るのを予感し、ずっと待ち望んでいたという。

2つのとらえ方がある真言密教の系譜

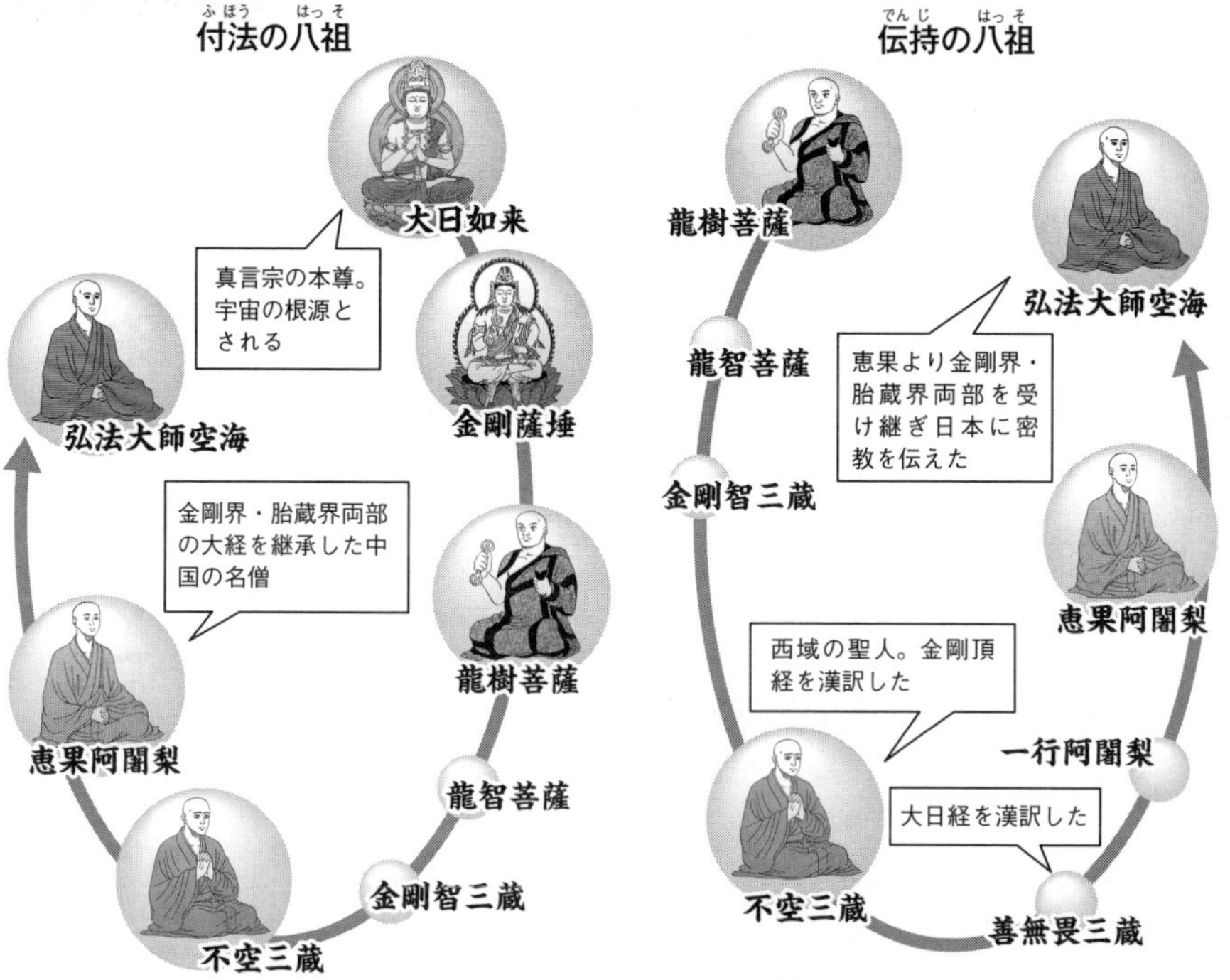
付法《ふほう》の八祖《はっそ》
大日如来
真言宗の本尊。宇宙の根源とされる
金剛薩埵
龍樹菩薩
龍智菩薩
金剛智三蔵
不空三蔵
恵果阿闍梨
金剛界・胎蔵界両部の大経を継承した中国の名僧
弘法大師空海
伝持《でんじ》の八祖《はっそ》
龍樹菩薩
龍智菩薩
金剛智三蔵
西域の聖人。金剛頂経を漢訳した
不空三蔵
善無畏三蔵
大日経を漢訳した
一行阿闍梨
恵果阿闍梨
恵果より金剛界・胎蔵界両部を受け継ぎ日本に密教を伝えた
弘法大師空海

インドで起こった密教が中国を経て、日本で独立した宗派として真言宗を開くまでに、八祖を経て伝えられた。実在しない大日如来、金剛薩埵を含めるのが「付法の八祖」、含めないのが「伝持の八祖」と呼ばれる

Column 空海伝説

一度に五本の筆を使う

唐・長安の宮殿には、晋代の著名な書家・王羲之《おうぎし》の五行詩と文字が書かれた壁があった。しかし傷みがひどく字も消えていたため塗り直すことになり、新たに壁に字を書くことを求められたのが空海だった。

空海は、両手、両足、口で一本ずつ筆をとって五行詩を一度に書き上げ、さらに墨を口に含んで吹きつけると「樹」の文字が現れたという。

皇帝は感心し、空海に「五筆和尚《ごひつわじょう》」の称号を与えた。

805年

正統継承者となる

師から仏の教えを授かり異例の速さで密教を体得する

32歳

密教の第八代祖師となる

空海は、あたかも水を一つの器から次の器にこぼさずすべて移すかのように、恵果から法を伝授された。そして、青龍寺に来てからひと月もたたない六月一三日には胎蔵界《たいぞうかい》の灌頂《かんじょう》を、ついで七月上旬には金剛界《こんごうかい》の灌頂を授けられた。

灌頂とは仏の教えを授ける儀式だが、その際、目隠しをして曼荼羅図の上に花を投じる投華を行なう。空海の投じた花は胎蔵、金剛どちらの灌頂のときも中央の大日如来の上に落ちた。これには恵果

法を受け継ぐ灌頂《かんじょう》

灌頂とは？

仏の教えを授ける儀式。内容、目的、形式によってさまざまな種類がある

- 一般信者・僧侶 ― **結縁《けちえん》灌頂**：出家した僧だけでなく、広く在家の信者にも仏縁を結ばせる儀式。曼荼羅に花を投げて自分の守り本尊を決定する“投華得仏《とうけとくぶつ》”という儀式を行なう
- 僧侶 ― **受明《じゅみょう》灌頂**：これから密教の修行をはじめようとする者が、密教を学ぶ許可を得る儀式。修行者に特定の本尊の真言、印などの法を授ける
- 僧侶 ― **伝法《でんぼう》灌頂**：阿闍梨が修行者の頭に5つの智慧を表す五瓶の水をそそぐことで、真理を受け継いだことを示す儀式。選ばれた者だけが受けられる真言宗最高の秘儀

結縁灌頂の儀式。この儀式によって仏と縁を結び、真言密教の本格入門をはたす

©小澤正朗

大日如来に選ばれし空海

「投華得仏《とうけとくぶつ》」それは目隠しをしたまま曼荼羅図に向かって花を投げ、その僧の生涯の守り本尊を決める儀式
空海の投げた花は—
な、なんと…
一度ならず二度までも大日如来の上に落としよった…

空海の投じた花は２度とも大日如来の上に落ちた

も驚いた。

恵果はこれを見て、大日如来の別名「遍照金剛《へんじょうこんごう》」の法号を空海に与えている。

八月上旬、ついに空海は密教の最高位である阿闍梨《あじゃり》位を継承する伝法灌頂《でんぽうかんじょう》を授けられることになった。恵果から阿闍梨位を譲られるということは、密教の正統後継者となることを意味する。

恵果の弟子たちはこれを不満に思い、代表として玉堂寺の珍賀《ちんが》が恵果に抗議したが、なぜか珍賀は翌日になると急に抗議を取り下げている。なんでも、珍賀の夢に不動明王が現れ、その不心得を責められたのだという。

空海はこうして、わずか三か月で大日如来から数えて第八代の密教の祖師となったのである。

805年

恩師との別れ

「祖国で密教を広めよ」という師の言葉で帰国を決意する

32歳

恵果の遺志を継ぐ

空海にすべてを伝授し終えた恵果は、急速に体力が衰えていった。ある日、恵果は空海を枕元に呼び、こう言い残した。「わたしの命は尽きようとしている。そなたにはすべてを伝えた。このうえは一刻も早く祖国に帰り、密教を広く伝えて人々に福を授けよ」

八〇五年一二月一五日、恵果は六〇歳の生涯を終えた。その夜、空海が道場にいると恵果の霊が現れ、「そなたとわしは深い縁でつながれている。わしは再び東国に生まれ変わり、そなたの弟子となり密教の布教に努めるであろう」と告げたという。

翌、八〇六年一月一六日、恵果は長安の郊外の村の墓地に葬られ、空海が選ばれて追悼の碑文を書いた。

帰国準備に奔走

空海は恵果の遺志を継ぎ、すぐに日本に帰って密教を広めようと考えたが、留学僧《るがくそう》には唐に二〇年間滞在しなければならないという規定があった。

ちょうどそのころ、唐の新皇帝の即位を祝う使節団が日本から来ていた。空海はその使節団・高《たか》階《しなの》遠《とお》成《なり》一行の帰国船に同乗して日本に帰る決意をした。

空海は帰国船の出航までのわずかな間、書物の収集と経典の書写に努めた。長安では三百余巻の経典を書写したが、それでも飽き足らず、越州で四か月ほど乗船待ちをする間にも、約一五〇巻の書物を集めた。

こうしてその年の秋、帰国船は出港。空海は暴風などに巻き込まれながらも経典や法具を守り抜き、無事に九州・博多に帰着した。

空海にゆだねられた密教

空海にすべてを伝授した恵果の体は、日に日に衰えていった。
そしてついに別れのときが……

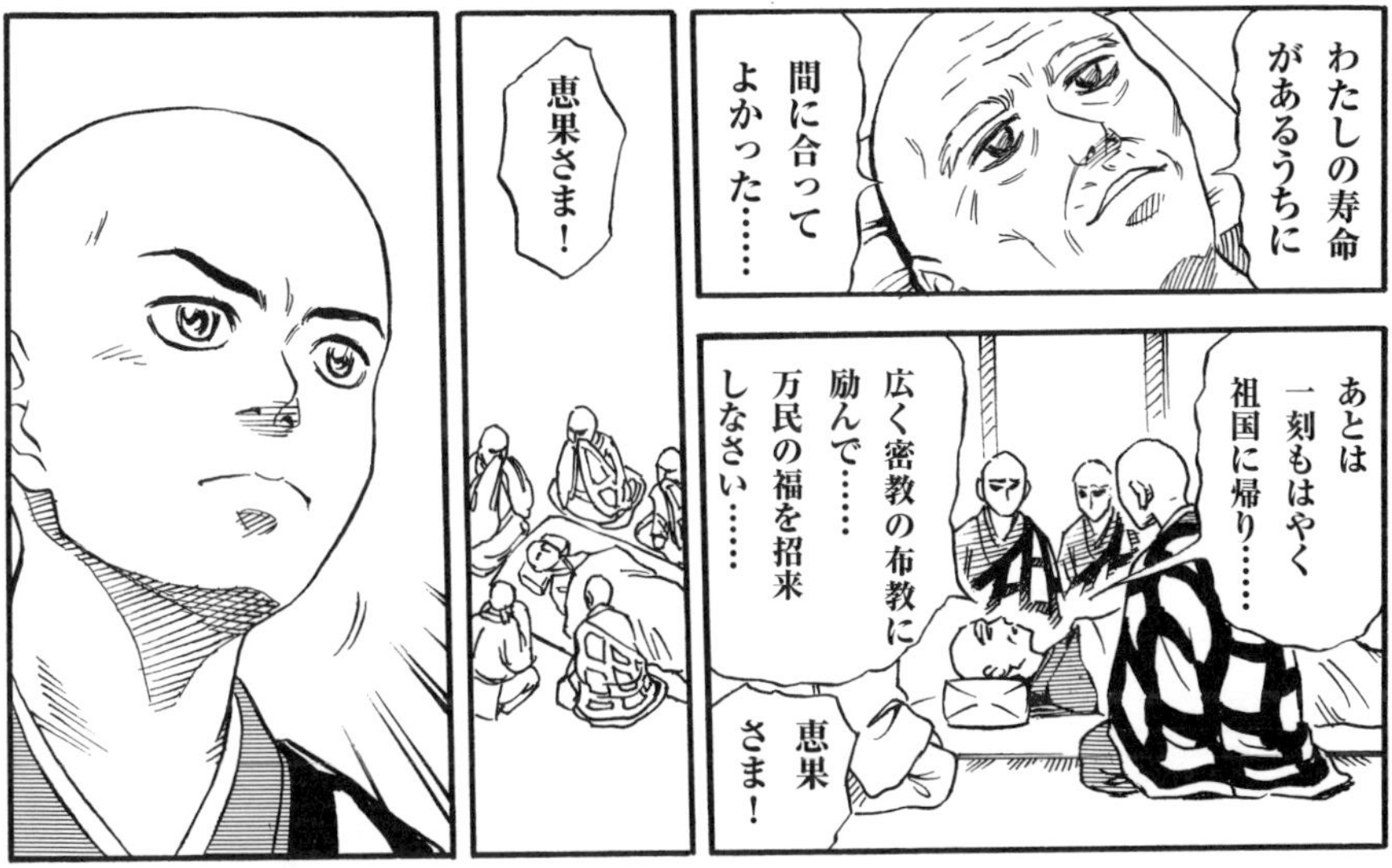
わたしの寿命があるうちに
間に合ってよかった……
あとは一刻もはやく祖国に帰り……
広く密教の布教に励んで……
万民の福を招来しなさい……
恵果さま！
恵果さま！

恵果の言葉で空海は帰国を決意した。密教の未来は空海にゆだねられたのである

Column 空海伝説

日本まで飛んだ三鈷杵

帰国するために明州《みんしゅう》の港にいた空海は、懐から三鈷《さんこ》杵《しょ》を取り出し「密教を広めるのにふさわしい所があれば教えたまえ」と祈念して東の空に投げ上げた。三鈷杵は光を放ちながら日本の方へ向かって飛んでいった。

日本に帰った空海は高野山の松の枝にこの三鈷杵がひっかかっているのを見つけ、この地こそ選ばれた修《しゅ》禅《ぜん》の地だと確信した。このときの「飛行三鈷杵」は現在も高野山に残されている。

806〜808年

入京を許されず

闕期《けつご》の罪にて、太宰府で三年あまりの足止めをくう

33〜35歳

『御請来目録《ごしょうらいもくろく》』に記された品々

書物

新訳等の経……一四二部二四七巻

梵字真言讃等……四二部四四巻

論・疏・章等……三二部一七〇巻

道具

仏・菩薩・金剛・天等の像、法曼荼羅、三昧耶戒曼荼羅、高僧の肖像画……ともに一一鋪

道具……九種

阿闍梨付嘱物……一三種

空海は九州で足止めをくっている間、唐から持ち帰った経典や曼荼羅などの品々を記した『御請来目録』を作成し、朝廷に献上した

太宰府での悶々とする日々

空海は二〇年と定められていた留学期間をたった二年で切り上げて帰ってきたことになる。この闕《けつ》期《ご》の罪が重いことは十分わかっていた。そこで空海は、唐から持ち帰った経典、書籍、仏具、仏像、曼荼羅など、おびただしい数の品々を記録した『御請来目録《ごしょうらいもくろく》』を著し、早期帰国の理由を記した上奏文《じょうそうぶん》とともに、都へ上る高階《たかしなの》遠成《とおなり》に託した。

しかし、朝廷からの入京の許しはなかなか来ない。一刻も早く日

入京の許しを請う空海

806年10月初旬　空海を乗せた船が九州の博多に帰着

▼

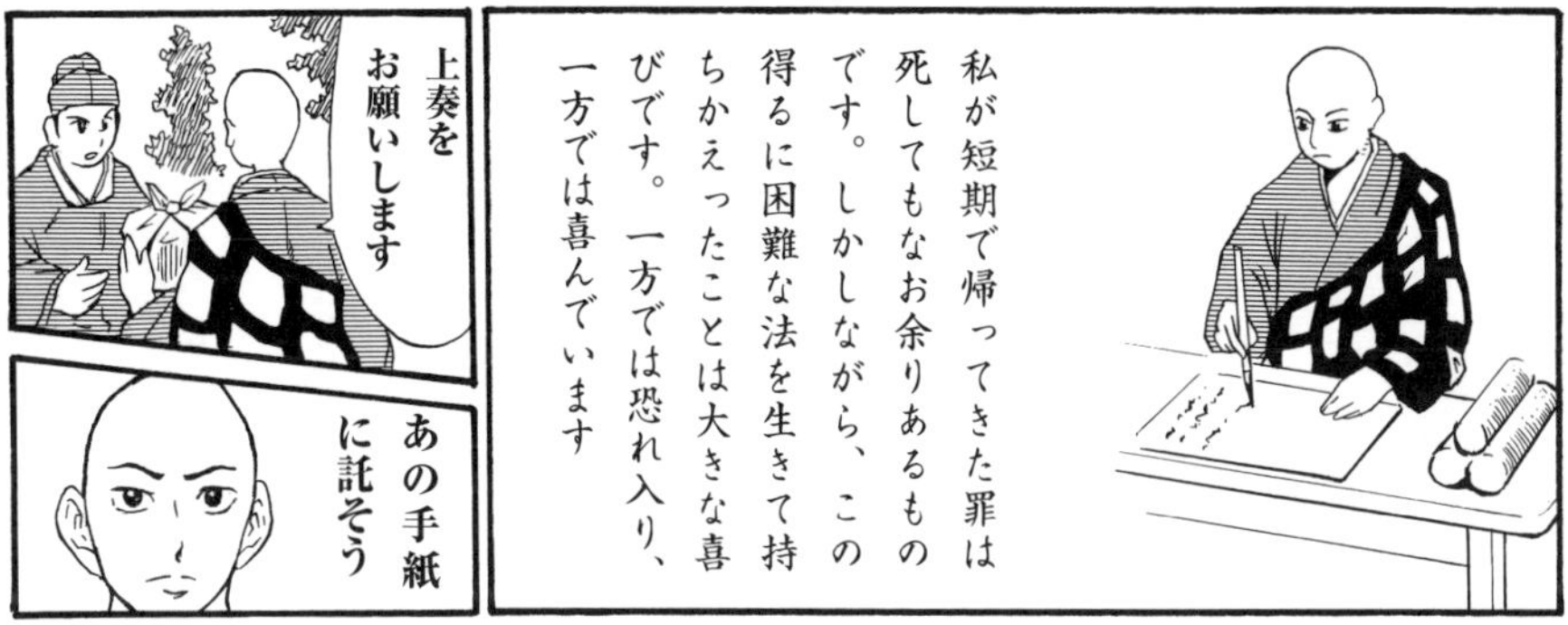
私が短期で帰ってきた罪は死してもなお余りあるものです。しかしながら、この得るに困難な法を生きて持ちかえったことは大きな喜びです。一方では恐れ入り、一方では喜んでいます
上奏をお願いします
あの手紙に託そう

なぜ入京が遅れたのか？

可能性1
闕期の罪にどう処分を下すか朝廷のなかで結論が出ず、時間がかかった

可能性2
すでに密教界の指導的地位にあった最澄との関係に戸惑っていた

可能性3
藤原氏一族の政争で政局不安に陥り、一留学僧の無断帰国にかまっていられなかった

本で密教を広めたいと考えていた空海は、三年という月日を太宰府で過ごさなければならなかったのである。

空海の入京が遅れた理由は、朝廷内で空海の闕期《けつご》の罪に対する判断に時間がかかったこと、すでに密教をまとめていた天台宗の最澄との関係をどうするのか結論が出なかったこと、桓武天皇が崩御《ほうぎょ》し、政局が不安定になっていたことなどが考えられる。

空海は太宰府に近い観世音寺に滞在し、入京の許可を待ちながら、経典などの整理や研究、思索に明け暮れていたらしい。

その間の空海の行動の記録は、大宰府の役人・田少弐《でんのしょうに》の母の一周忌に法要を行なったということ以外、なにも残されていない。

810年

政変を憂慮する

「薬子《くすこ》の変」が空海を表舞台に立たせるきっかけに

37歳

薬子《くすこ》の変が起こる

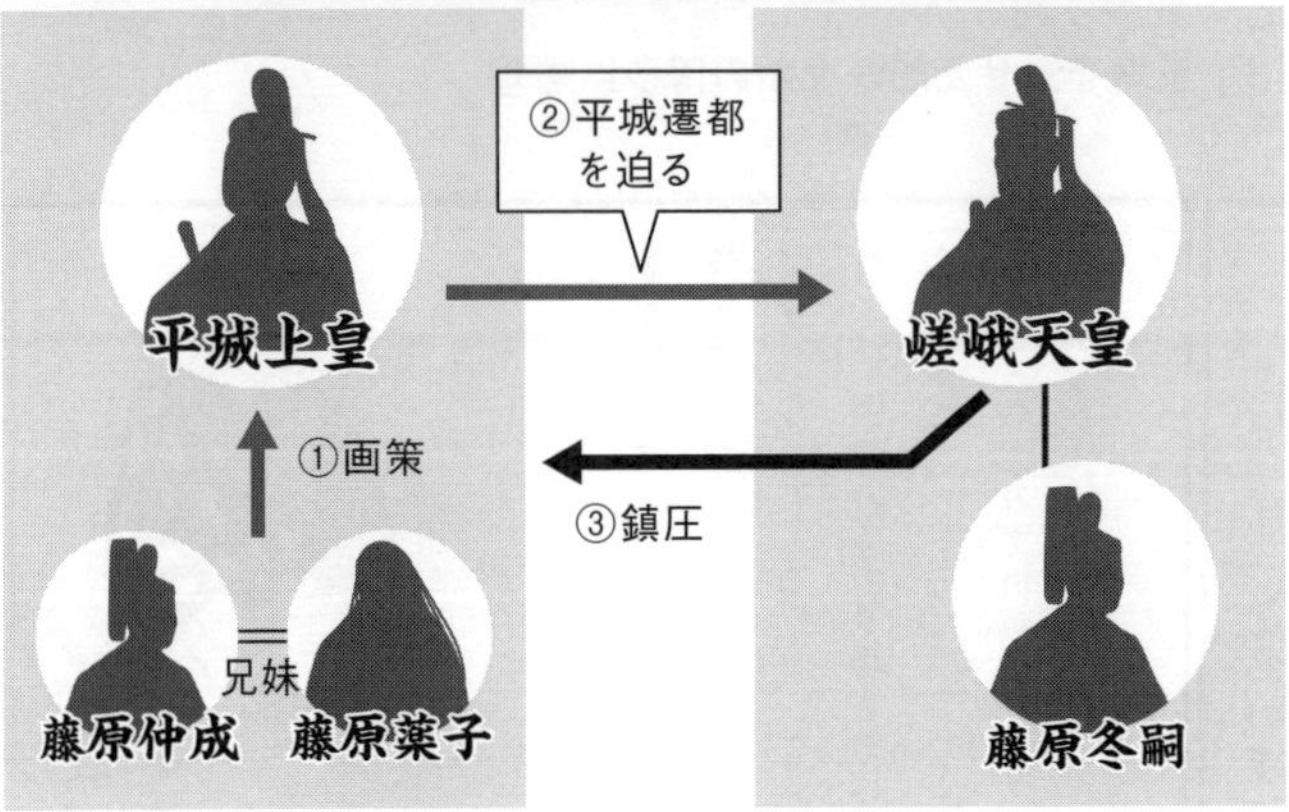
平城上皇
②平城遷都を迫る
嵯峨天皇
①画策
③鎮圧
兄妹
藤原仲成
藤原薬子
藤原冬嗣

①	810年9月、藤原仲成と薬子が平城上皇の復位を画策。その結果、嵯峨天皇の平安京と平城上皇の平城京が並立する
②	平城遷都を迫る平城上皇と嵯峨天皇の対立が激化
③	嵯峨天皇は藤原仲成を捕らえ、処刑。藤原薬子は毒を飲んで自殺し、平城上皇は出家した

空海がなかなか入京できなかったのは、こうした都のごたごたが一因である可能性がある

出番を待つ空海

都では桓武天皇崩御《ほうぎょ》ののち、平《へい》城《ぜい》天皇が皇位に就いた。しかし、桓武天皇の皇子の一人である伊予親王が謀反の罪に問われ自害するなど、政局は混乱していた。

平城天皇は即位の三年後、病気を理由に弟・嵯峨《さが》天皇に譲位する。しかしその後、平城上皇の復位をもくろむ愛妾の藤原薬子《くすこ》やその兄・仲成《なかなり》の入れ知恵によって、平城上皇は都を平安京から平城京に戻そうとした。ここに平安京と平城京が並立する異常事態が起こる。

密教が広まる下地となった怨霊事件

天皇を悩ませた怨霊事件

桓武天皇を苦しめ続けた悲運の皇太子・早良《さわら》親王の怨霊

785年、長岡京造営責任者・藤原種継が何者かに暗殺される事件が起こった。犯人として桓武天皇の弟・早良親王が逮捕され、流刑先に移送中に憤死した。早良親王は怨霊となって桓武天皇の近親者を次々と祟り殺したため、桓武天皇は長岡京を放棄し平安京に遷都。しかし、その後も怨霊の勢いは衰えず、鎮魂もむなしく桓武天皇は命を落とした。

即位前の桓武天皇を苦しめた井《い》上《かみ》内親王の怨霊

772年、光仁天皇の皇后・井上内親王は、山部王（桓武天皇）を擁立しようとする藤原百川《ももかわ》らによって、「巫蠱《ふこ》」を行ない呪詛したという無実の罪で皇后を廃され、暗殺された（服毒自殺とも）。のちに、その怨霊が桓武天皇を苦しめ、藤原百川も死に追いやった。

平城天皇を退位に追い込んだ伊予親王の怨霊

807年、桓武天皇の皇子の1人、伊予親王が謀反の罪で幽閉され、自害に追い込まれた。伊予親王は才能ある人物だったため、それを疎ましく思った平城天皇と側近たちの陰湿な謀略があったと思われる。平城天皇は、伊予親王の怨霊に悩まされ病気になり、嵯峨天皇に譲位した。

世は怨霊や妖怪などが跋扈《ばっこ》していた

皇位の継承をめぐる争いや貴族間の勢力争いが激しく、それに敗れた人々の怨霊事件が相次いだ。こうした風潮が、密教を求める下地となったのである

これに対し、嵯峨天皇は仲成を捕らえ、処刑する。薬子は自殺、平城上皇は出家した。

空海は、このような恐ろしい禍から国を救わなければという思いを強くしたにちがいない。

すでにその前年の八〇九年、空海は、和泉国の槙尾山寺《まきおさんじ》に居を移していた。それは都の様子を知り、修法《しゅほう》（密教で行なう加持祈禱の法）の機会をうかがうためである。

そしてその年の七月、待ちに待った入京の許可が出る。じつはこれにはあの最澄の朝廷への強い働きかけがあったようだ。最澄は空海が書いた『御請来目録《ごしょうらいもくろく》』を目にして、空海の実力を見抜いていた。空海に密教の指導を期待し、入京の実現に向けて動いたのである。

810年

鎮護国家の修法《しゅほう》

高雄山寺《たかおさんじ》で行なった修法が、嵯峨《さが》天皇の心をとらえる

37歳

空海と嵯峨《さが》天皇の交流

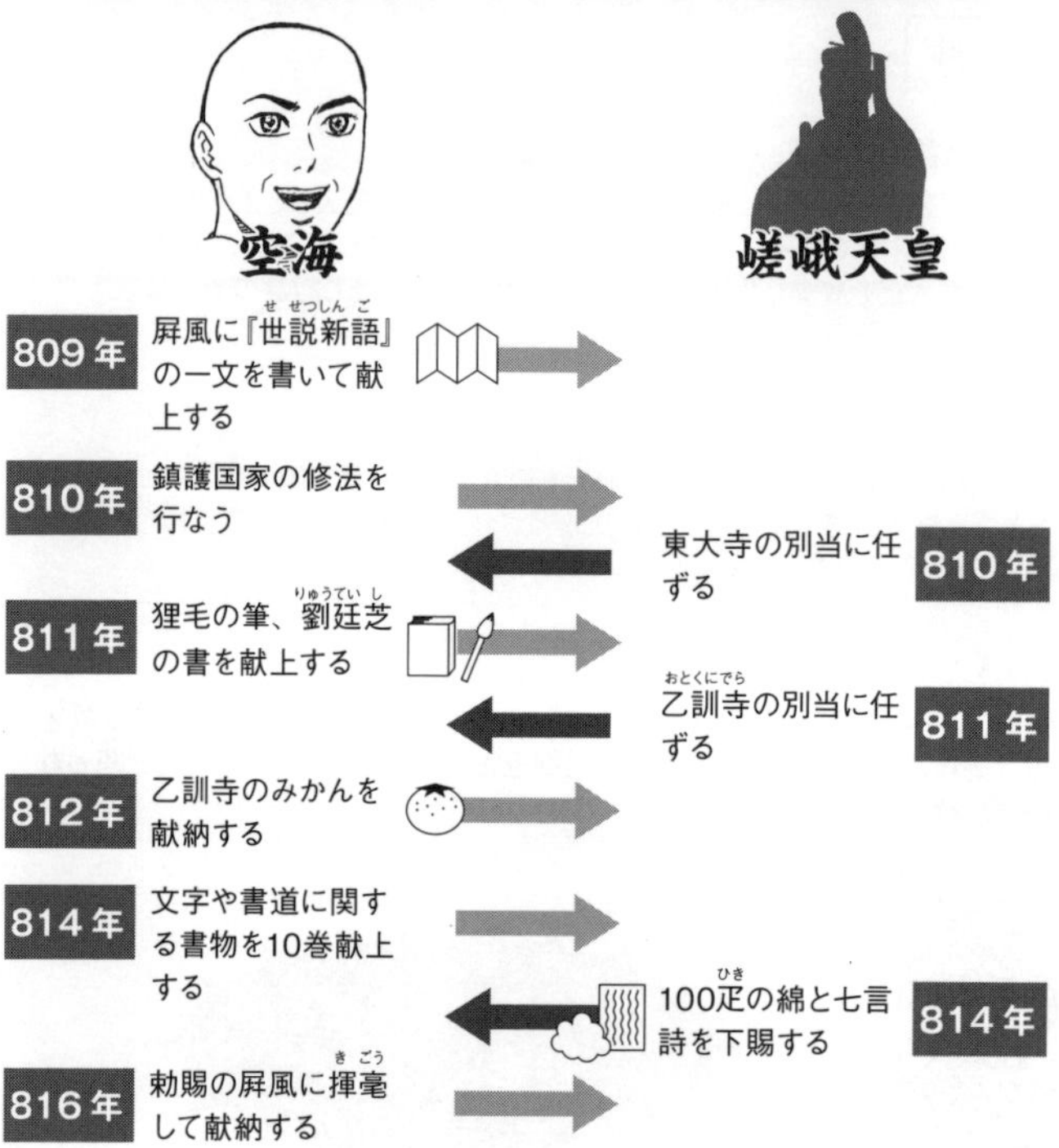

空海
嵯峨天皇
809年
屏風に『世説新語《せせつしんご》』の一文を書いて献上する
810年
鎮護国家の修法を行なう
東大寺の別当に任ずる
810年
811年
狸毛の筆、劉廷芝《りゅうていし》の書を献上する
乙訓寺《おとくにでら》の別当に任ずる
811年
812年
乙訓寺のみかんを献納する
814年
文字や書道に関する書物を10巻献上する
100疋《ひき》の綿と七言詩を下賜する
814年
816年
勅賜の屏風に揮毫《きごう》して献納する

空海は嵯峨天皇に贈り物を献上するさい自作の漢詩を添え、嵯峨天皇も必ず返書を賜った

鎮護国家のパフォーマンス

京に上った空海は、和気《わけ》氏の菩提寺・高雄山寺《たかおさんじ》に入る。

空海はさっそく、この寺で鎮護国家の修法《しゅほう》を行なった。加えて謀反の罪で自害した伊予親王の供養も行ない、その霊を慰めた。

この護国の修法が、薬子《くすこ》の変鎮圧直後に行なわれたことは大きな意味があった。重大な政治的危機を乗り切ったばかりの嵯峨《さが》天皇は、この空海の修法を心強く感じ、空海に対する信頼を急速に深めていったのだ。

「弘法にも筆の誤り」誕生エピソード

空海と嵯峨天皇のあいだでは交流が続いていた。そんなある日のこと、嵯峨天皇から應天門に掲げる額を書くようにという依頼が空海に届く

このエピソードから「たとえ大人物であっても、間違いはあるもの」という意味の「弘法にも筆の誤り」ということわざが生まれた

当時の為政者はみな、国家の安泰と国民の平穏を妨げる怨霊をなによりも恐れていた。つまり、時《じ》宜《ぎ》を得たこの修法は、空海の力を世間に示す絶好のアピールとなったのである。

それ以来、空海と嵯峨天皇は私的に交流を深めていく。空海は天皇に召し出されたおりに、屏風や詩書、梵書、名家の墨筆など、唐から持ち帰った請来品のなかで天皇が興味を持ちそうなものを選んで献上した。

文芸の教養があり、書道や詩を好んでいた嵯峨天皇はこれを大いに喜んだ。

嵯峨天皇は空海の才能を認めるばかりか、空海の最大の協力者であり、また終生の友となった。

812年

最澄《さいちょう》の入門

日本仏教界のエリート僧・最澄が空海に教えを請う

39歳

予想もしなかった最澄の登場

空海さま
弟子入りを志願する
者が来たのですが……
では、お通ししなさい
！
最澄どのっ!!

日本仏教界の指導的地位にあった最澄が空海から灌頂を受けたことは、それまで無名の空海が、日本密教の最高の位置にいることを世間に知らしめた

最澄に灌頂を授ける

当時、日本の仏教界で指導的地位にあったのは最澄《さいちょう》であった。その最澄でさえも若い空海の力を認めていたことは、その後の最澄の行動を見れば容易に想像がつく。

最澄は空海に密教経典の貸し出しを頼んでいる。空海はこれを快く承諾し、こうして二人はしばらくの間、経典の貸し借りによる交流を続けた。

さらに八一一（弘仁二）年二月、最澄は空海に手紙を送り、真言の教法を受けることを願い出ている。

最澄に入門用の灌頂《かんじょう》しか授けなかった空海

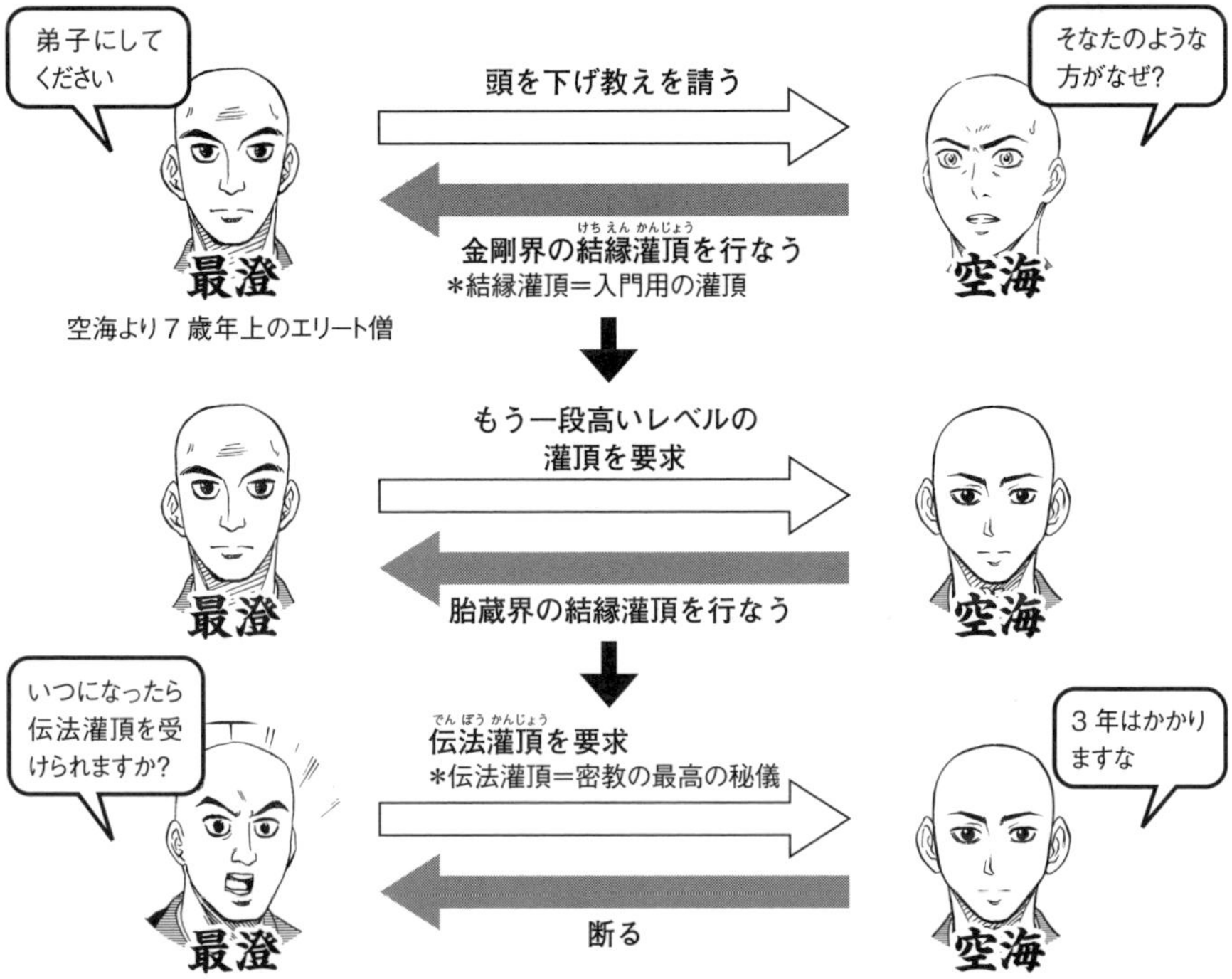
弟子にしてください
頭を下げ教えを請う
そなたのような方がなぜ?
金剛界の結縁灌頂《けちえんかんじょう》を行なう
＊結縁灌頂＝入門用の灌頂
最澄
空海
空海より７歳年上のエリート僧
もう一段高いレベルの灌頂を要求
胎蔵界の結縁灌頂を行なう
最澄
空海
いつになったら伝法灌頂を受けられますか?
伝法灌頂《でんぼうかんじょう》を要求
＊伝法灌頂＝密教の最高の秘儀
３年はかかりますな
断る
最澄
空海

最澄は年下で立場も下の空海に頭を下げ入門を請う。すぐに伝法灌頂を受けられると思っていた最澄の予想とは裏腹に、空海は結縁灌頂しか授けなかった

そして驚くのは、翌八一二（弘仁三）年、乙訓寺《おとくにでら》にいた空海を自ら訪ね、灌頂《かんじょう》を受けたい旨を申し出たことである。これは最澄が空海に弟子の礼をとることを意味していた。

最澄のこの申し出によって、この年の一一月に金剛界、一二月には胎蔵界の結縁《けちえん》灌頂が高雄山寺《たかおさんじ》で行なわれた。最澄はその後も空海に対し、経典の借覧や真言密教の指導を求め、翌年には、弟子に伝《でん》法灌頂《ぼうかんじょう》を受けさせている。

この高雄山寺での三度の灌頂は、空海の日本の仏教界における地位を不動のものにしたといっていい。それは空海の持ち帰った密教こそが正統のものであり、空海が密教最高の阿闍梨《あじゃり》であることを世間に知らしめるものだった。

空海と最澄

まったく異なる経歴を歩んできた対照的な二人

まったく異なる二人

同じ時期に遣唐使船で唐へ渡り、帰国後に交流をはじめた空海と最澄だが、二人はもともと経歴も性格もまったく異なっている。

最澄が入唐したときの立場は、朝廷から正式に認められた還学《げんがく》生《しょう》で、留学費用も全額朝廷がまかなっていた。留学の目的も、当時、唐で隆盛だった天台宗を日本で広めるために、天台教学を学ぶというもので、これは桓武天皇の発願《ほつがん》でもあった。最澄は帰朝すれば朝廷に重用されることが約束されたエリートだったのだ。

一方の空海は遣唐使の欠員が出たために自費で参加し、この留学を機に密教を究めようという一介の留学僧《るがくそう》だった。

二人は性格もまた、対照的だった。最澄は禁欲主義的で、あまり感情を表に出さない控えめな研究者タイプだったが、空海は欲望を否定することはなく、明るい性格を持ち合わせていた。

思惑が一致する

このように、経歴も性格も対照的な二人の間に交流が生まれたのはなぜなのだろうか。

最澄は唐で密教が流行していることを知り、直感的にその重要性を見抜いていた。

しかし、最澄には顕教《けんぎょう》である天台宗を広めることはできても、密教を比叡山に根付かせることは難しかった。そこで最澄は、多くの密教経典を所有し、正統な密教受法者である空海の協力が必要不可欠だと考えたのである。

これに対して、仏教界にまだ基盤を持たない空海も、最澄の申し出に応えることで、早く足元を固めたいと考えたのだろう。

徹底比較　空海 vs. 最澄

vs.

	空海		最澄
基本データ	774年6月15日～835年3月21日	生没年	767年8月18日～822年6月4日
	讃岐国多度郡（香川県善通寺市）	出身地	近江国滋賀郡（滋賀県大津市）
	得度－31歳　受戒－31歳	得度・受戒年	得度－14歳　受戒－19歳
留学	31 歳	留学時の年齢	38歳
	私費の留学僧	留学時の立場	朝廷から認められた還学生
	密教の奥義を究める	留学の目的	天台教学を究める
	中国語、サンスクリット語	語学	中国語（読み書きだけ）
思想	真言宗	宗派	天台宗
	大日経、金剛頂経	基本経典	法華経、大日経
	高雄山寺、東寺、金剛峯寺	拠点	延暦寺
	大日如来	本尊	釈迦如来
	密教がすべてに勝る	密教の位置づけ	顕教と同列

813年

さらば、最澄

最澄との間に溝が生まれた要因とは？

40歳

疎遠になった原因

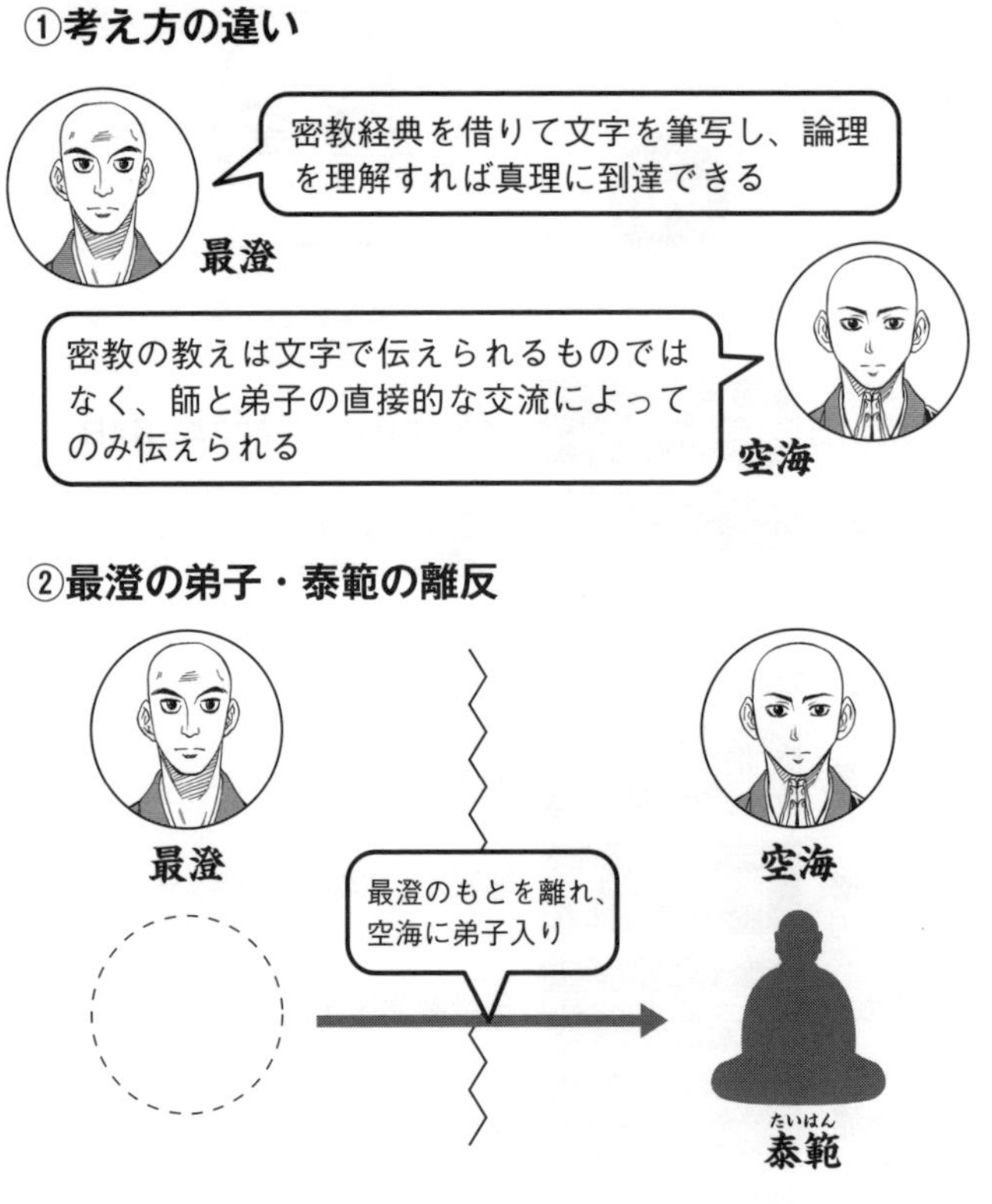

①考え方の違い
密教経典を借りて文字を筆写し、論理を理解すれば真理に到達できる
最澄
密教の教えは文字で伝えられるものではなく、師と弟子の直接的な交流によってのみ伝えられる
空海
②最澄の弟子・泰範の離反
最澄
空海
最澄のもとを離れ、空海に弟子入り
泰範《たいはん》

密教の真意を理解できず

　空海と最澄の間には交流がはじまったが、最澄は日本の天台宗の開祖として多忙を極め、なかなか空海のもとで直接教えを受けることができなかった。それでも、密教の真理は経典を読んで理解すれば得られるものと考えており、経典の研究に没頭した。

　これに対して空海は、密教の真理とは文字や言葉で伝えられるものではなく、師と弟子との直接的な交流で「密教の心」を伝えることによって得られるものと考えて

空海が最澄に宛てた手紙

最澄は忙しく直接教えを受ける暇がなかった。そのためまずは経典を借り筆写して、それを読んで研究しようとしていた
なに！「理趣釈経」は貸し出せないと！
そのことで空海さまから手紙を預かっております
密教の奥旨は文を得ることを貴しとせず
ただ心をもって心に伝えるにあり
文はこれ糟粕《そうはく》、文はこれ瓦礫《がれき》なり
糟粕瓦礫を受くれば
すなわち粋実至実を失う
これが決定的な原因となり二人の交流は疎遠になってしまう

泰範の件などで両者の間にできた溝は、空海が経典の貸与を断ったことで決定的となった

いた。この考え方の違いが、二人が別の道を歩むきっかけとなる。

あるとき、最澄が『理趣釈経《りしゅしゃくきょう》』という経典の拝借を願いでたところ、空海はこれを断った。

空海は、最澄に「理趣の道は貴兄の心のなかにあるのであって、それをほかに求めようとするのは間違いです。秘密仏教の深い世界は、文を得ることが大切ではなく、心をもって心に伝えるよりないのです」と、断る理由を述べている。

さらに、最澄が空海のもとで学ばせていた高弟・泰範《たいはん》が最澄のもとに戻らず、そのまま空海の弟子になってしまうという事件も起こった。

こうした経緯から空海と最澄の仲が疎遠になっていくのである。

816年

高野山の開山

空海独自の密教理論を自然のなかに体現する

43歳

大自然に密教空間を創る

空海は、最澄が比叡山を修行と伝法の本拠地としたように、自分も真言密教の本格的な道場を築きたいと考えていた。

その場所として紀州の高野山を選び、八一六（弘仁七）年六月一九日、嵯峨《さが》天皇に高野山の下賜《かし》を願い出た。それはわずか半月後の七月八日に許され、空海は四三歳にして高野山の開山に取りかかるのである。

空海はただちに弟子の実慧《じちえ》と泰範《たいはん》を整地作業のために遣わした。それがほぼ完成した八一八（弘仁九）年一一月、空海ははじめて高野山に登る。空海は壇上《だんじょう》を結界し、伽藍《がらん》の配置を定めた。

その配置は、壇上の中心線上に金堂を置き、講堂の北側に真言密教の根本経典である『大日経』と『金剛頂経』の世界を象徴する大塔（胎蔵界）と西塔（金剛界）を相対させて建てるというものだ。

これは空海独自の密教理論に基づく伽藍形式で、空海は高野山という大自然のなかに密教空間を創り出そうとしたのである。

霊地となった高野山

空海は唐からの帰国途上、嵐に漂う船上で、無事に帰国できたならば、鎮護国家と仏道修行のための寺を創建するという祈願をたてていた。

その場所として高野山が選ばれたのは、この場所が密教修行によいとされる「清らかな水が涌き出ている池・沼・川があり、毒蛇、毒虫などによって修行が妨げられず、耳障りな音声・ざわざわした雑踏などが聞こえない」ところだったからである。

密教世界を表した壇上伽藍《だんじょうがらん》

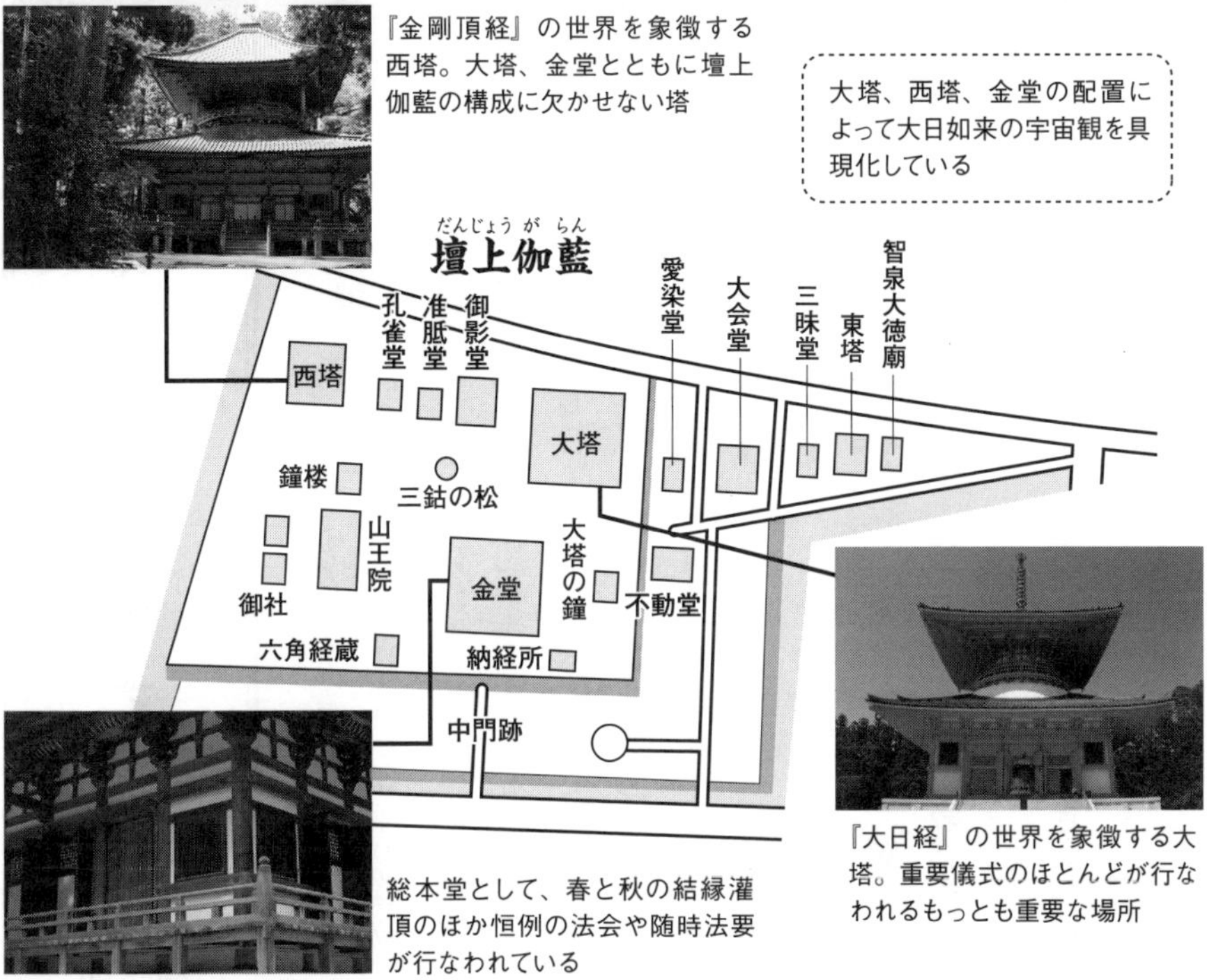
『金剛頂経』の世界を象徴する西塔。大塔、金堂とともに壇上伽藍の構成に欠かせない塔
大塔、西塔、金堂の配置によって大日如来の宇宙観を具現化している
壇上伽藍《だんじょうがらん》
孔雀堂
准胝堂
御影堂
西塔
愛染堂
大会堂
三昧堂
東塔
智泉大徳廟
大塔
鐘楼
三鈷の松
山王院
御社
金堂
大塔の鐘
不動堂
六角経蔵
納経所
中門跡
『大日経』の世界を象徴する大塔。重要儀式のほとんどが行なわれるもっとも重要な場所
総本堂として、春と秋の結縁灌頂のほか恒例の法会や随時法要が行なわれている

壇上伽藍は大日如来が鎮座する壇、もしくは道場を意味する。壇上伽藍が完成したのは、空海が高野山を開創してから80〜90年後のことである

Column 空海伝説
狩場明神と丹生都比売

空海が修行にふさわしい山を探していると、犬を連れた猟人が現れて空海を高野山に案内してくれた。この猟人はじつは高野山の地主神・狩場《かりば》明神《みょうじん》であった。

また、空海が高野山中の神社で一泊したとき、祭神である丹生都比売《にうつひめ》が「私はこの山の主だが、ここを修行のために差し上げよう」と申し出た。こうして高野山を修行の地と決めた空海は、のちに伽藍の守護神としてこの二人の神を祀った。

823年

東寺を造営する

空海が都に寺院を欲した理由とは？

50歳

真言宗の根本道場誕生

空海が高野山の伽藍建立《がらんこんりゅう》に打ち込んでいた八二三（弘仁一四）年一月一九日、嵯峨《さが》天皇の使者として、藤原良房《よしふさ》が訪ねてきた。

良房が持ってきたのは、東寺を空海に下賜《かし》するという嵯峨天皇の勅書だった。嵯峨天皇は空海が高野山にかかりきりになり、このままでは再び都に戻らないのではないかと危惧していた。天皇は東寺を与えることによって、空海を都に引き止めようとしたのである。

この申し出は、空海にとってはなにより有り難いことだった。空海は高野山を修禅《しゅぜん》の道場とし、都には密教宣布、鎮護国家の中心寺院を建てることを望んでいたのだ。

空海は東寺を教王護国寺《きょうおうごこくじ》と号し、真言密教一宗の根本道場とした。当時の寺には一寺一宗の慣行はなく、ひとつの寺に複数の宗派が混在していた。

しかし空海は、鎮護国家の修法は東寺にいる密教僧のみが行なうべきだと考えた。「真言宗」という呼称もこのときから使われはじめ、これによって、空海は世間に真言宗の立教開宗を宣言した。

仏像群で表された曼荼羅

空海は翌年、まだ造営途中だった東寺の責任者に任ぜられ、講堂、食堂《じきどう》、五重塔などの建築に取りかかった。さらに恵果《けいか》から贈られた仏画や法具などを持ち込み、密教寺院としての演出も加えた。

このとき、講堂の内部に納められた仏像群は、大日如来を中心とした五智如来が中央に、金剛界五大菩薩が右に、平安京守護の五大明王が左に配された。それは、真言密教の真髄を示す華麗な立体曼荼羅として今も残されている。

空海が配置した東寺の立体曼荼羅配置図

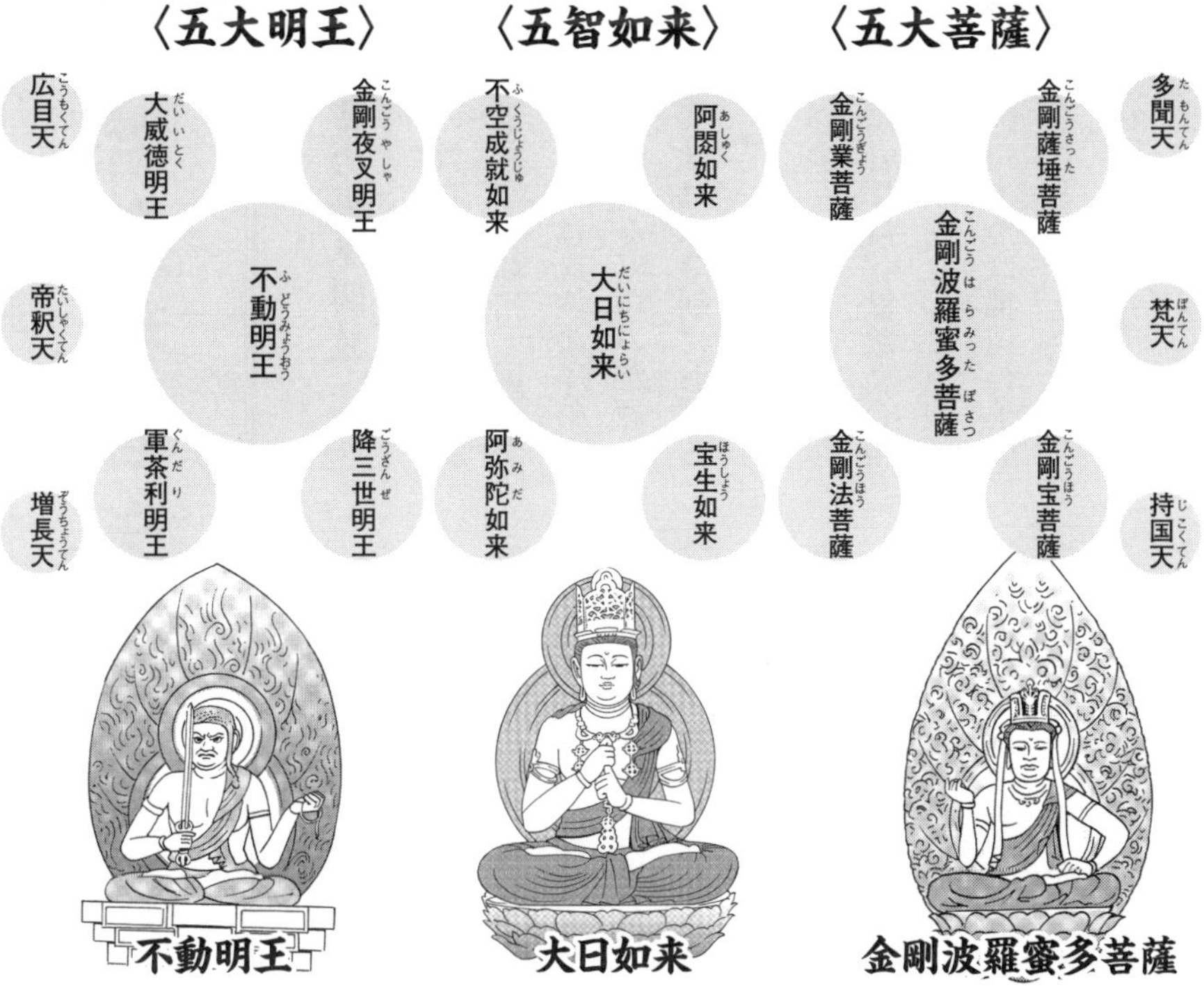
〈五大明王〉
〈五智如来〉
〈五大菩薩〉
広目天《こうもくてん》
大威徳《だいいとく》明王
金剛夜叉《こんごうやしゃ》明王
不空成就《ふくうじょうじゅ》如来
阿閦《あしゅく》如来
金剛業《こんごうぎょう》菩薩
金剛薩埵《こんごうさった》菩薩
多聞天《たもんてん》
帝釈天《たいしゃくてん》
不動明王《ふどうみょうおう》
大日如来《だいにちにょらい》
金剛波羅蜜多菩薩《こんごうはらみったぼさつ》
梵天《ぼんてん》
増長天《ぞうちょうてん》
軍荼利《ぐんだり》明王
降三世《ごうざんぜ》明王
阿弥陀《あみだ》如来
宝生《ほうしょう》如来
金剛法《こんごうほう》菩薩
金剛宝《こんごうほう》菩薩
持国天《じこくてん》
不動明王
大日如来
金剛波羅蜜多菩薩

密教の教えをわかりやすく表現したのが曼荼羅。その曼荼羅をよりリアルに伝えるため空海が制作したのがこの立体曼荼羅である

Column 空海伝説

神泉苑に雨を降らせる

八二四（天長元）年の夏、雨が全く降らないため、淳《じゅん》和《な》天皇が東寺の空海と西寺の守敏《しゅびん》に神泉苑《しんせんえん》での祈雨の修法を命じた。守敏は七日間の結願の日に都の内だけに雨を降らせた。空海は一滴の雨も降らせることができなかったが、それは守敏が雨を呼ぶ竜神たちを瓶に閉じ込めていたためだった。そこで空海は天竺《てんじく》の無熱池《むねつち》にすむ善如竜王《ぜんにょりゅうおう》を神泉苑に呼び寄せ、都の内外に三日三晩雨を降らせたという。

828年

綜《しゅ》藝《げい》種《しゅ》智《ち》院《いん》開校

身分に関係なく庶民に開かれた総合教育機関を創設する

55歳

庶民に教育の場を開放

平安初期の教育制度は、官吏《かんり》養成機関である大学が都に、国学が地方にあり、あとは氏族の子弟が入る私立学校があるぐらいだった。

大学への入学は律令制における五位以上あるいは史部《ふひとべ》の子弟に限って許可され、六位以下八位以上の子弟の場合には、試験に合格すれば入学を許された。また国学の場合は、国司または郡司の子弟のみ入学することができた。

しかし、いずれにしてもこれらの教育機関は貴族や豪族の子弟のためのものであり、一般庶民にはまったく無縁のものであった。

そこで空海は、身分に関係なく誰でも教育を受けられるようにと、東寺の隣に綜藝種智院《しゅげいしゅちいん》という学校を開校する。空海は密教の人間観に基づき、誰もが仏性を持つ存在であり、貴賤とは関係なく人は平等だと考えていた。

生活まで保障する教育

空海は理想の教育を行なうためには「処・法・師・資」の四つの条件が必要だと述べている。「処」とは教育環境、「法」は総合的なカリキュラム、「師」とは優れた教師、「資」とは生活の保障のことである。

綜藝種智院の「法」は、空海の理想が反映されており、官吏養成学校のように儒教一辺倒の教育ではなく、儒教、道教、仏教の三教が教えられた。空海は密教以外の教養も排斥しなかったのだ。

また、学ぶためには教師にも生徒にも衣食住が必要であるという「資」を実現させるため、完全給費制をとった。

綜藝種智院は、日本初の庶民に開放された学校だったのである。

大学・国学と綜藝種智院の違い

〈大学・国学〉	〈綜藝種智院〉
入学資格	**入学資格**
大学は五位以上及び史部の師弟、六位以下八位以上の特別な試験合格者。国学は国司または郡司の子弟	すべての人は仏性を持っており平等であるという信念に従い、入学資格を問わなかった
一定以上の階級の者に **限定**	あらゆる階級に門戸を **開放**
特徴	**特徴**
◉官吏《かんり》の養成を目的とする ◉儒教中心の教育	◉儒教・道教・仏教をまんべんなく教育する総合教育 ◉衣・食・住をサポートする完全給費制

Column 空海伝説

稲荷神と再会する

空海が紀伊国《きいのくに》の田辺《たなべ》に行ったとき、稲を担いだ白ひげの老翁と出会った。逸話では、かつて空海と天竺の霊鷲山《りょうじゅせん》で会い、釈迦のいる場所を教えてくれた人だった。その老翁は「じつは私は稲荷神だったのですが、あなたの弟子にしてください」と言った。空海は稲荷神を東寺に招いてもてなし、都の守護神となってくれるよう頼んだ。そして都の東南に社《やしろ》を建てたのが伏見稲荷大社《ふしみいなりたいしゃ》のはじまりである。

835年

空海の入定《にゅうじょう》

死してなお現世に留まり、人々の幸せを願い続ける

62歳

死期の到来を悟る

綜藝種智院《しゅげいしゅちいん》を開設したころから、空海は寺に籠《こ》もって思索にふけったり、著作に没頭したりすることが多くなっていた。

そのころ空海は体調に不安を抱えており、五八歳のときに、淳和天皇に「病にかかって職を辞する奏上」を差し出している。自分は癰《よう》という悪性の腫物ができ、先も長くないので大僧都《だいそうず》の職を解いて欲しいという内容だった。

そのときは聞き入れられなかったが、死期の近づいたことを悟った空海は、五九歳になった翌年、都から引き上げ高野山に籠もり、それ以降はもっぱら坐禅にふける日々を過ごす。

自分の死を予言した空海

八三五（承和二）年一月、宮中の真言院で後七日御修法《ごしちにちみしほ》をすませた空海の病状はにわかに悪化し、水や食べ物をいっさい口にしなくなった。三月一五日、空海は弟子たちを一堂に集めると、二五か条にわたる遺言を伝えた。

そして最後に、「わたしは三月二一日寅の刻に山に帰る。しかし決して嘆き悲しんではならない。わたしがたとえ世を去っても、両部（金剛界・胎蔵界）を信仰せよ。そうすれば必ず成仏できる」と、自分が死ぬ日と時刻までを予言。

その予言通り、三月二一日の早朝、空海は大日如来の定印を結びながら入定《にゅうじょう》した。六二歳だった。

真言宗では、空海の死を入滅や入寂《にゅうじゃく》といわず、「入定（瞑想し悟りの境地に入った）」と表現する。

これは、空海は大日如来とひとつの境地になり、今なお生きてわたしたちを見守っていると信じる「入定信仰」からきている。

空海の入定

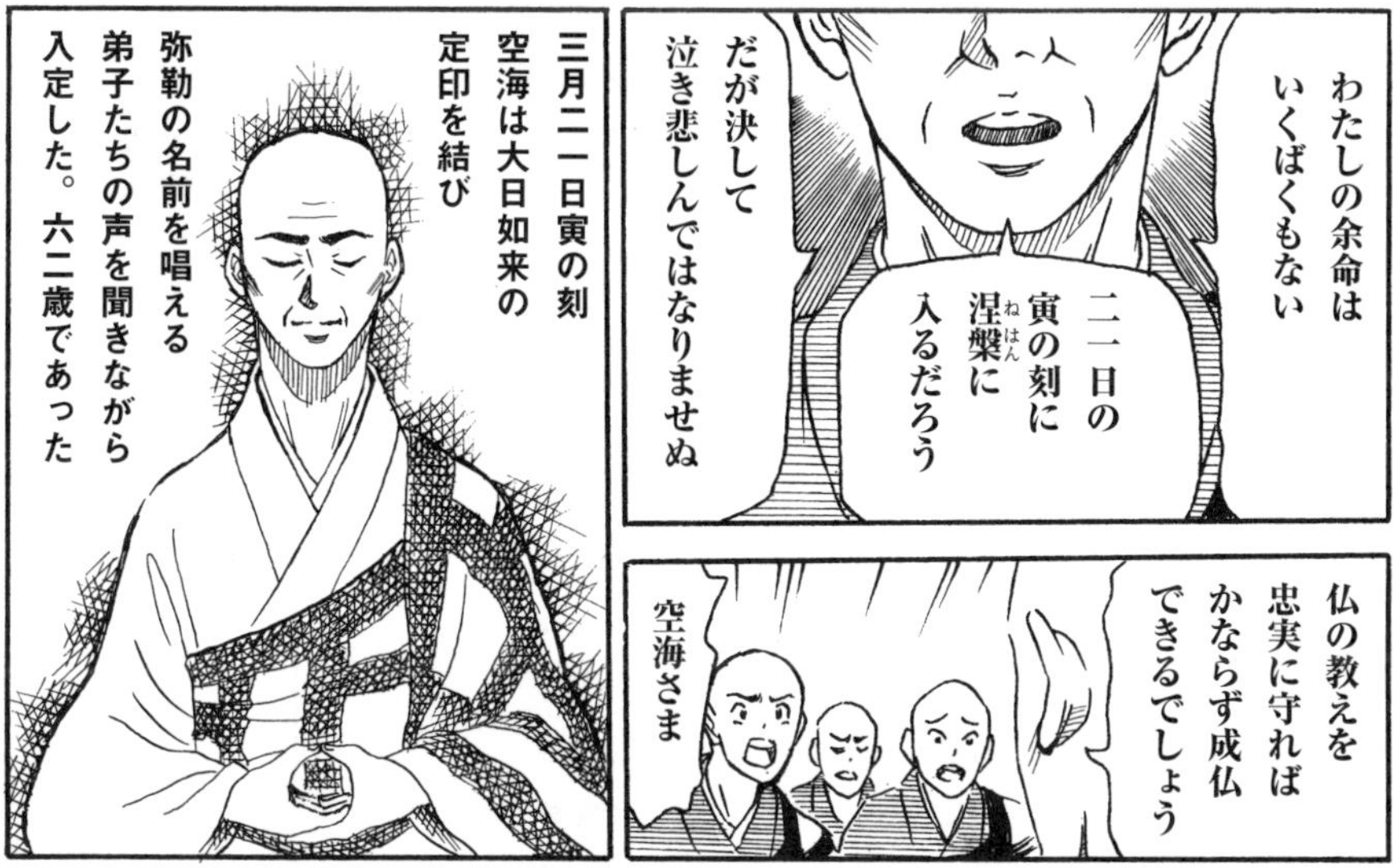
わたしの余命は いくばくもない
二一日の 寅の刻に 涅槃《ねはん》に 入るだろう
だが決して 泣き悲しんではなりませぬ
仏の教えを 忠実に守れば かならず成仏 できるでしょう
空海さま
三月二一日寅の刻 空海は大日如来の 定印を結び
弥勒の名前を唱える 弟子たちの声を聞きながら 入定した。六二歳であった

まもなく遺体は荼毘《だび》にふされたと正史は語る。しかし人々は空海を容易に死なせなかった。今も高野山奥の院において、現世に留まり生き続けているという伝承が誕生する。人々の救済に生涯をかけた空海は、死後も人々の心に生き続けている

Column 空海伝説

嵯峨上皇との約束

空海は生前、嵯峨上皇の葬儀を行なうことを約束していたが、嵯峨上皇が崩御《ほうぎょ》したとき、空海はすでに入《にゅう》定《じょう》していた。嵯峨上皇の遺言によって、棺を嵯峨野の木の上に置いた。すると空から八人の天人が降りてきて棺を五色の雲に乗せ、高野山に運んでいった。棺は金剛峯寺《こんごうぶじ》の大塔の後ろに置かれ、このとき空海がどこからともなく出てきて上皇を荼毘《だび》にふし、奥の院に納めたという。

真言宗の広がり

空海の教えを継ぎ、真言宗の発展に寄与した十大弟子

真言宗十八本山

宗派	分類	本山	寺院
真言宗	古義真言宗	高野山真言宗総本山	金剛峯寺
		東寺真言宗総本山	東寺（教王護国寺）
		真言宗善通寺派総本山	善通寺
		真言宗善通寺派大本山	随心院
		真言宗醍醐派総本山	醍醐寺
		真言宗御室派総本山	仁和寺
		真言宗大覚寺派大本山	大覚寺
		真言宗泉涌寺派総本山	泉涌寺
		真言宗山階派本山	勧修寺
		信貴山真言宗総本山	朝護孫子寺
		真言宗中山寺派大本山	中山寺
		真言三宝宗大本山	清澄寺
		真言宗須磨寺派大本山	須磨寺
	新義真言宗	真言宗智山派総本山	智積院
		真言宗豊山派総本山	長谷寺
		新義真言宗総本山	根来寺
	真言律宗	真言律宗総本山	西大寺
		真言律宗大本山	宝山寺

真言宗は日本の仏教宗派のなかでもっとも多く派生している。現在では主要な門派が18に大別され、真言宗十八本山と呼ばれている

真言宗を受け継いだ弟子

空海には多くの弟子がいた。とくに実慧《じちえ》、真済《しんぜい》、真雅《しんが》、道雄《どうゆう》、円《えん》明《みょう》、真如《しんにょ》、杲隣《ごうりん》、泰範《たいはん》、智泉《ちせん》、忠《ちゅう》延《えん》の十人の優秀な直弟子は、「十大弟子」と称された。空海の密教はこの直弟子たちに受け継がれ、さらにそこから多くの僧たちによって発展していく。

空海は、多くの弟子のなかでも実慧を第一の高弟とした。実慧は空海のあとを継いで東寺の長者になった。彼は讃岐の佐伯氏の出身であり、空海と同族であった。そ

空海の遺志を継いだ十大弟子

智泉《ちせん》
空海の甥。9歳のころから空海に従った
実慧《じちえ》
空海の信任が厚く東寺を受け継ぐ。空海とは親戚関係
道雄《どうゆう》
東大寺をはなれ空海に入門。京都に海印寺を開いた
泰範《たいはん》
最澄の愛弟子。比叡山を去り空海に入門
真済《しんぜい》
空海の身の回りの世話をした高僧。『性霊集《しょうりょうしゅう》』を編纂
忠延《ちゅうえん》
元高雄山寺の僧。一説には藤原良房の子とも
空海
円明《えんみょう》
東寺、東大寺の別当を務めた高僧
杲隣《ごうりん》
空海とともに高野山の修禅院を建立。京都に修学寺、伊豆に修禅寺を開く
真如《しんにょ》
平城天皇の皇子。政変の影響で廃され出家。67歳で天竺を目指すも途中で入寂
真雅《しんが》
空海の実弟。真済から東寺を継ぐ

空海のもとには密教を学ぼうと優秀な人材が集った。空海入定後の真言宗は彼らの尽力によってさらなる発展をみせた

の後、東寺長者のポストは真済、実弟の真雅と受け継がれた。

また、高野山の金剛峯寺を譲られた真然《しんぜん》も空海の甥だ。

このように空海は、とくに身内の弟子を信頼し、重要な後事は彼らに託した。

その後の真言宗は、時代とともに多くの流派に分かれていった。

一一世紀末、覚鑁《かくばん》という高僧が高野山を下りて紀州・根来寺《ねごろじ》を拠点として活動するようになった。この流れが新義真言宗となり、やがて豊山派《ぶざんは》や智山派《ちざんは》に分派する。

高野山に残った流れは古義真言宗となり、やはり多くの分派を生んだ。その後も統合や分離を繰り返し、現在のように真言宗には多くの宗派が存在する。

密教の聖地 高野山MAP

鎮護国家を祈るため、修禅の道場として空海が開いた高野山。835年に入定したあとも、この世に留まり人々を救い続けているという入定信仰の中心地であり、毎日多くの人々が参詣に訪れる。

弘法大師御廟
奥の院
転軸山
燈籠堂
御廟の橋
高野山森林公園
織田信長供養塔
豊臣家墓所
浅野内匠頭供養塔
柴田勝家供養塔
上杉謙信・景勝供養塔
石田三成供養塔
明智光秀供養塔
伊達政宗及び殉死者供養塔
武田信玄・勝頼供養塔
親鸞聖人供養塔
中の橋
一の橋
371
清浄心院
宝善院
赤松院
地蔵院
遍照光院
三宝院
成福院
熊谷寺
密厳院
恵光院
光明院
持明院
北室院
大明王院
上池院
不動院
苅萱堂

奥の院

もっとも奥にある弘法大師御廟は高野山で一番神聖な場所。参道の両脇には無数の墓碑や供養塔が並ぶ

大門
金剛峯寺
女人堂
弁天岳
巴陵院
蓮華定院
徳川家霊台
西室院
南院
光臺院
龍泉院
高野町役場
福智院
本覚院
高野山高校
宝城院
正智院
西禅院
明王院
龍光院
親王院
総持院
宝寿院
専修学院
本王院
無量光院
普門院
一乗院
普賢院
大円院
壇上伽藍
御影堂
金堂
蓮花院
高室院
480
西南院
増福院
常喜院
報恩院
桜池院
宝亀院
遍照尊院
高野山霊宝館
釈迦文院
成就院
天徳院
高野山大学
安養院
西門院
金剛三昧院
宿坊寺院

大門は高野山の玄関ともいえる。現在の門は 1705（宝永 2）年に再建されたもの

金剛峯寺は高野山の総本山。空海が命名した。建物は何度か焼失し、現在の建物は 1863（文久 3）年に再建されたもの

コラム

詩人

さまざまな顔を持つ空海①

山野を愛した空海の詩『性霊集』

澗水一坏朝支命
澗水一坏 朝に命を支え
山霞一咽夕谷神
山霞一咽 夕に神を谷う
懸蘿細草堪覆体
懸蘿細草 体を覆うに堪え
荊葉杉皮是我茵
荊葉杉皮 是れ我が茵なり
有意天公紺幕垂
意有る天公 紺幕を垂らし
龍王篤信白帳陳
龍王篤信にして 白帳を陳ぬ
山鳥時来歌一奏
山鳥時に来たって 歌一たび奏し
山猿軽跳伎絶倫
山猿軽く跳んで 伎 絶倫たり
春花秋菊笑向我
春花秋菊 笑って我に向かい
暁月朝風洗情塵
暁月朝風 情塵を洗う

◇華麗な文体で山中の境地を詠う

仏教経典には大きく分けて、散文で書かれている部分と詩歌で書かれている部分がある。論理を超えた次元にある仏の真理は、散文で論理的に語るだけでは伝えられず、詩歌の感性で把握されることが重要だからだ。

空海の著作にも冒頭や結論部分に詩歌が挿入されているものがあるが、それとは別に空海は漢詩も多く残している。

空海の漢詩文一〇〇点ほどを弟子の真《しん》済《ぜい》が編集したのが『性霊集《しょうりょうしゅう》』だ。

とくに巻一の詩のテーマは、山で暮らす楽しみを表現したものが多い。若いときから山林に深く分け入り修行を積んでいた空海にとって、山に対する想いは格

●訳文

朝の一杯の谷の水は命を支え
夕べの山の霞は心を養う
かづらや細い草は私の体を覆う衣となり
いばらの葉や杉の皮は私の寝床となる
天が紺色の空の幕を垂らしてくれ
龍王が白い雲の帳《とばり》を垂らす
山鳥が時にやって来て歌を歌い
山猿が身軽に跳んで優れたわざを見せる
春には春の花、秋には菊が私に向かって笑いかけ
暁の月と朝の風が心の汚れを洗ってくれる

※『空海と中国文化』岸田知子をもとに作成

別のものがあるのだろう。

なぜ山中に住むのかという良岑安世《よしみねのやすよ》（桓武天皇の皇子）の問いに答えた空海の手紙には、「自然のなかにいると、なにもかもが自分を生かし楽しませるために存在しているという思いに満たされる」という意味の詩が添えられている。

また、空海は詩文創作の手引書ともいえる『文鏡秘府論《ぶんきょうひふろん》』を編集している。詩文はいかに作るべきか、どのような詩文がよいのかということについて、中国の六朝《りくちょう》時代や唐時代の文人が書いた論文を引用して編纂した書である。その内容は詩文の音韻、修辞、作例、語句集、文学論まで多岐にわたっている。

コラム

さまざまな顔を持つ空海②

辞典編纂者

言語に関する著作を多数残した空海

著作	内容
篆隷万象名義（辞典）	日本に現存する最古の漢字辞典。空海が唐留学時に収集した南北朝時代の辞典『玉篇』を抄録している
声字実相義《しょうじじっそうぎ》（言語学）	人間の経験はすべて音声と文字であり、それがそのまま大日如来の真理を表すとする密教の考え方を述べたもの
吽字義《うんじぎ》（言語学）	吽という字を字相と字義との二方面から解釈した書物。真言密教の重要な教典
大悉曇章（梵字解説書）	梵字の音と表記を集めた解説書。一万六五五〇もの合成字を例示している
梵字悉曇字母并釈義（梵字解説書）	梵字、悉曇文字の起こりや陀羅尼の意義を説き明かし、悉曇文字の音と意味を説いたもの

中国語、サンスクリット語（梵語）に精通し、多くの語学関連書を執筆した空海は、師からもその語学力を高く評価されている

◇日本初の辞典誕生

空海は中国語、サンスクリット語を自在に操った語学の天才でもある。当時の国際語である中国語は唐へ留学する前に習得し、唐では密教に必要なサンスクリット語を学んだ。師も驚くほどの上達ぶりだったと伝えられる。

彼が語学の天才と評されるのは、読み書きの習得はいうに及ばず、辞典を編纂するほどまでに外国語を究めたからである。

空海がそれほどまで言葉を重視した理由は、『文鏡秘府論』の序に見ることができる。空海はそこで「人々を教え導く根底には文字や文章がある」という見解を示している。

空海が編纂した漢字辞典を読む

文字　影
発音表記　於景反。
意味　随形。

解説
「影」という文字の発音表記が「於景《よけい》」で、意味が「形に随うもの」ということを示している

文字　睹
発音表記　東魯反。
意味　見。

解説
「睹」という文字の発音表記が「東魯《とうろ》」で、意味が「見る」ということを示している

空海
仏教だろうが儒教だろうが、人々を教化して導く一番の根底には文字があり、文章がある
『文鏡秘府論』

その考えに基づき編纂したのが日本最古の辞典『篆隷万象名義《てんれいばんしょうめいぎ》』である。中国・南北朝時代に書かれた梁《りょう》の顧野王《こやおう》撰の辞典『玉篇《ぎょくへん》』をもとに約一万六〇〇〇の漢字を五四二の部首別に収録した、いわば漢字辞典だ。漢字で発音表記と古典における用例を挙げる形式になっている。すでに原典は失われているが、京都の高山寺に一二世紀の写本が残っている。

空海の外国語研究はサンスクリット語にも及び、『大悉曇章《だいしったんしょう》』や『梵字悉曇字《ぼんじしったんじ》母并釈義《もならびにしゃくぎ》』といった梵字解説書も編纂している。空海のこうした精力的な辞典編纂が、のちの仏教経典研究を飛躍的に進歩させることとなったのである。

第2章 空海の教え、密教という世界

密教という言葉を聞くと、ほかの宗派とは異なり、
どこか秘教的で謎めいた存在であると感じる人も多いだろう。
曼荼羅を前に真言を唱えたり印を結んだりすることが、
ますますそのように感じさせているのかもしれない。
しかし、それは一面の見方でしかない。
ここでは、いよいよ空海の教えの内容について紹介する。
基本となる考え方やほかの宗派との違いなど、
真言密教の全体像がつかめるようになっている。
空海が生涯を賭して人々に訴えたかったもの、それは――。

密教の歴史

仏教の一派として、六世紀ころにインドから広まる

仏教には２つの種類がある

大日如来の真実の教え

すべての根源である大日如来が直接、自らの悟りの境地を示した教え。したがってそこには真実のすべてが解き明かされている

釈迦が他者に説いた教え

釈迦が人々を悟りに導くために説いた真理。その言葉は、相手の資質や能力に合わせているため、真実のすべてを解き明かしているわけではない

密教では、釈迦は大日如来の一番弟子とされている。釈迦は衆生に説法した（顕教）が完璧には伝わらなかったため、大日如来があらためて金剛薩埵に伝授したのが密教である

仏教の究極の真理「密教」

空海は仏教を「顕教《けんぎょう》」と「密教」の二つに大別した。

顕教は、仏教の始祖・釈迦が修行の末、煩悩や迷いから脱し、悟りを開いた過程をわかりやすく説いた教えである。

顕教が悟りの世界を文字や言葉で伝えるのに対し、その悟りの世界そのものを実現できるのが密教だ。密教は法（真実）の根源である大日如来が、悟りの境地を示す教えである。

その密教は六世紀ころ、インド

密教の誕生

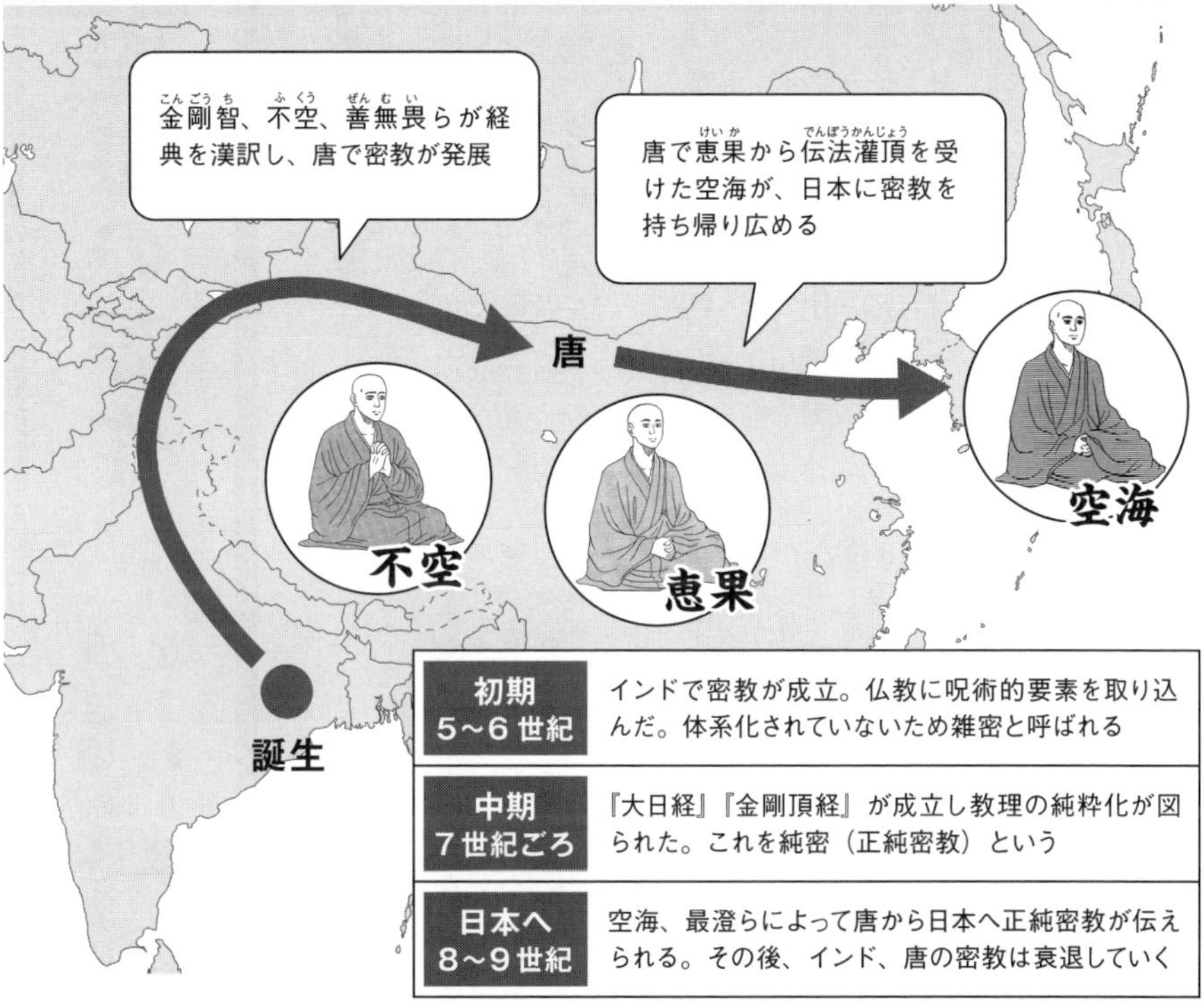
金剛智《こんごうち》、不空《ふくう》、善無畏《ぜんむい》らが経典を漢訳し、唐で密教が発展
唐で恵果《けいか》から伝法灌頂《でんぽうかんじょう》を受けた空海が、日本に密教を持ち帰り広める
唐
不空
恵果
空海
誕生

初期 5～6世紀	インドで密教が成立。仏教に呪術的要素を取り込んだ。体系化されていないため雑密と呼ばれる
中期 7世紀ごろ	『大日経』『金剛頂経』が成立し教理の純粋化が図られた。これを純密（正純密教）という
日本へ 8～9世紀	空海、最澄らによって唐から日本へ正純密教が伝えられる。その後、インド、唐の密教は衰退していく

密教には特定の開祖はいない。インドにおいてヒンドゥー教の影響を受けた仏教が変容し、誕生した仏教の一派である

において、ヒンドゥー教の影響を受けながら仏教の一派として成立した。現世での救いを主張した密教は、呪術や他の宗教の神を取り入れながら発展していった。

密教の成立は三段階からなる。初期の密教は前期密教という呪術的な要素を取り入れたものだった。体系化されていないため〝雑密《ぞうみつ》〟とも呼ばれた。次いで紀元七世紀ころ、『大日経《だいにちきょう》』や『金剛頂経《こんごうちょうぎょう》』の成立によって教理の体系化が図られ〝純密《じゅんみつ》〟と呼ばれる中期密教が生まれた。中国に伝播《でんぱ》したこの密教を、空海が日本に持ち帰って成立させたのが「真言宗」である。

一方、インドでは後期密教へと発展して、やがてチベットへ伝わり、チベット密教として今に伝えられている。

空海の著作

真言密教を完成させた空海の教えが記された書の数々

著述家だった空海

現代に生きる私たちが空海の思想を知り得るのは、空海が信じられないほど多くの著作や文章を残したからだ。

空海の処女作は、二四歳のときに著した『三教指帰《さんごうしいき》』という自伝的戯曲の形式をとった比較思想哲学の書である。それ以後、空海は精力的に執筆活動を続けた。

その内容は多岐にわたり、書簡や詩文などが収録された『性霊《しょうりょう》集《しゅう》』、文芸評論に関する『文鏡《ぶんきょう》秘《ひ》府《ふ》論《ろん》』など博学ぶりを発揮している。

むろん密教関係の著作も多く、その文才と完成度の高さは後世に至るまで大きな影響を与えた。

『秘《ひ》密《みつ》曼《まん》荼《だ》羅《ら》十住心《じゅうじゅうしん》論《ろん》』一〇巻は空海の思想の集大成とされる著作である。

なかでも、もっとも重視されるのは三部作と十巻章（『菩提心論《ぼだいしんろん》』のみは龍樹《りゅうじゅ》の著作）である。

三部作は『即身成仏義《そくしんじょうぶつぎ》』『声字《しょうじ》実相義《じっそうぎ》』『吽字義《うんじぎ》』からなり、それぞれ身《しん》、口《く》、意《い》の三密《さんみつ》を論じた内容で、空海の思想が凝縮されたものだ。

十巻章は三部作に七巻を加えたもので、経典解釈、インドの論書など密教を幅広い観点から論じ、今でも真言宗の教えの基本とされる著作である。

これらの著作を見ると、まさに空海こそが真言密教の大成者であり、空海の著作＝思想が日本密教の教えそのものといえることがわかる。

空海以降、弟子から特筆すべき著作が出なかったのは、空海の著作の完成度があまりにも高かったからだといわれている。

多岐にわたる著作物

空海の思想の集大成

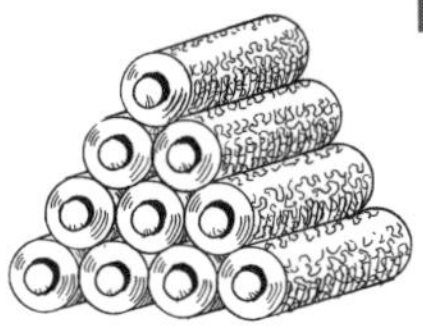

『秘《ひ》密《みつ》曼《まん》荼《だ》羅《ら》十住心《じゅうじゅうしん》論《ろん》』 全10巻

人間精神の発展段階を10に分けて、それぞれの段階を解説した空海の思想の集大成とされる書

十巻章

三部作

『即《そく》身《しん》成《じょう》仏《ぶつ》義《ぎ》』 全1巻

真言密教の究極的な前提である「即身成仏」の構造とその実際を述べた書

『声《しょう》字《じ》実《じっ》相《そう》義《ぎ》』 全1巻

この世のすべては大日如来による休みなき説法の表れであると論じた書

『吽《うん》字《じ》義《ぎ》』 全1巻

「吽」の1字を分析することにより、密教の真理に迫った書

『般《はん》若《にゃ》心《しん》経《ぎょう》秘《ひ》鍵《けん》』 全1巻

一切空を説く『般若心経』を、密教の視点から語った書

『秘《ひ》蔵《ぞう》宝《ほう》鑰《やく》』 全3巻

『秘密曼荼羅十住心論』の要旨をわかりやすくコンパクトにまとめた書

『弁《べん》顕《けん》密《みつ》二《に》教《きょう》論《ろん》』 全2巻

密教と顕教との区別を明らかにし、密教の優位性を説いた書

『菩《ぼ》提《だい》心《しん》論《ろん》』 全1巻

真言宗において重要な位置を占める龍樹の著作。十巻章のうちこれだけが空海以外の書

その他の多様な著作

『性霊集《しょうりょうしゅう》』 全10巻

弟子の真済が編纂した空海の遺文集

『文鏡《ぶんきょう》秘《ひ》府《ふ》論《ろん》』 全6巻

唐代詩文の理論を述べた文芸評論

『御《ご》請来《しょうらい》目《もく》録《ろく》』 全1巻

唐から請来した経典、法具などの目録

『三《さん》教《ごう》指《しい》帰《き》』 全3巻

儒・道・仏教から仏教を選んだ理由を述べた自伝的戯曲

『篆《てん》隷《れい》万象《ばんしょう》名《めい》義《ぎ》』 全30巻

梁の『玉篇』に基づいて作成した日本最古の辞書

『風《ふう》信帖《しんじょう》』 5葉

空海が最澄に宛てた書状を集めたもの

即身成仏《そくしんじょうぶつ》

「この生のままに仏である」とする
密教の根本思想

即身成仏《そくしんじょうぶつ》のイメージ

凡夫《ぼんぷ》
すべての人はそのなかに仏性をそなえている
仏性をさまざまなもので覆い隠している
大日如来
自身が本来持っている仏性に目覚めれば、
生きながらにして仏の境地に至る

空海は現実を肯定し、この世にあって凡夫のままでも仏になれると説いている

仏と一体になる教え

空海の真言密教は、深い現世利《り》益《やく》を説いたのが特徴である。その核となる教えに、「即身成仏《そくしんじょうぶつ》」がある。この世に生を得て生きていることそのものが仏という教えである。

密教では、姿形が異なるだけで、すべてのものは大日如来が姿を変えたものという考え方が基本である。したがって人も仏も本質的には同じで、人はもともと大日如来だともいえるだろう。

顕教では輪廻転生を繰り返し、

即身成仏へのスリー・ステップ

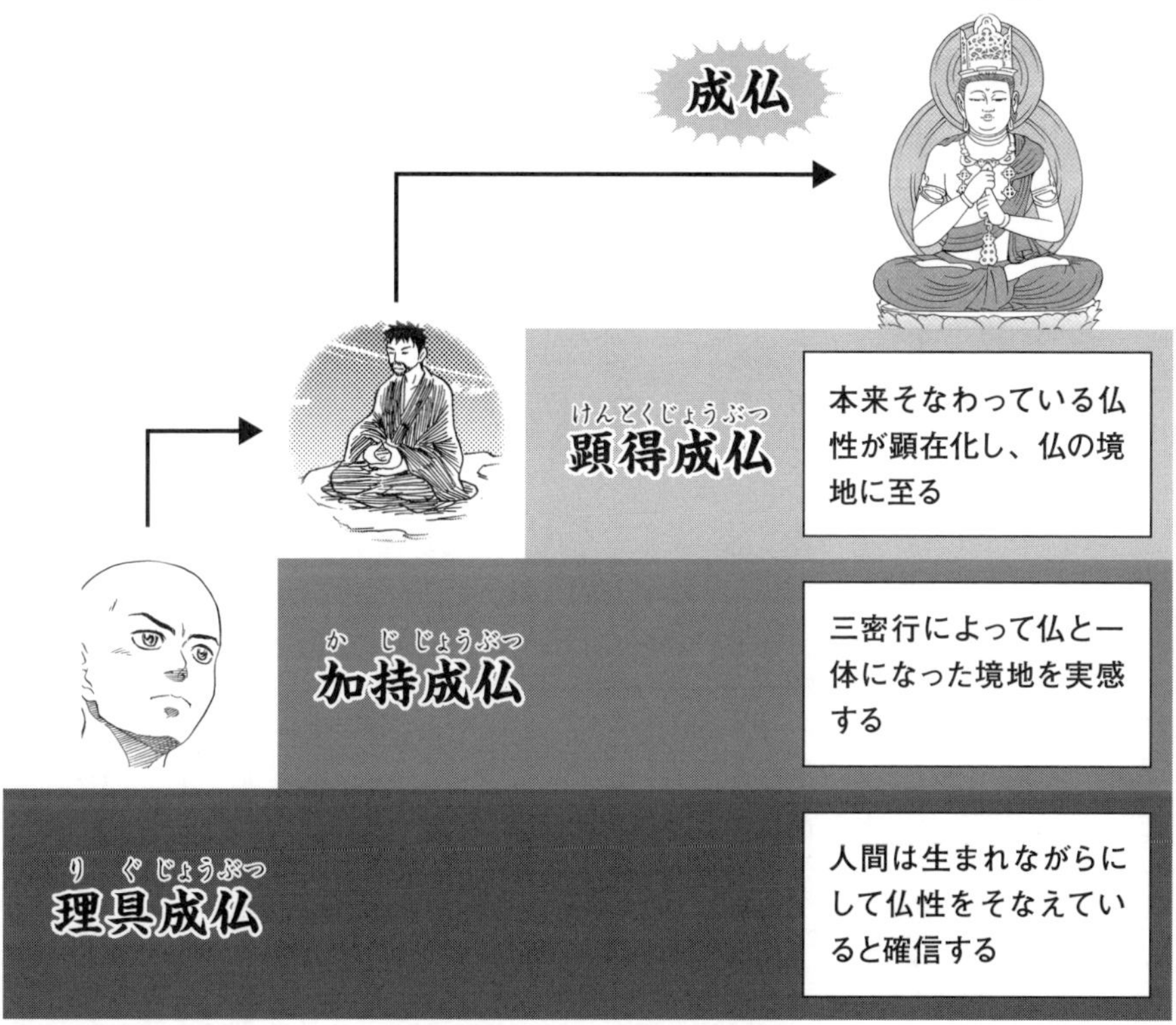
成仏
顕得成仏《けんとくじょうぶつ》
本来そなわっている仏性が顕在化し、仏の境地に至る
加持成仏《かじじょうぶつ》
三密行によって仏と一体になった境地を実感する
理具成仏《りぐじょうぶつ》
人間は生まれながらにして仏性をそなえていると確信する

空海は即身成仏に至るには、３つの段階を踏まなければならないと説明している

その都度修行を積まなければ成仏できないのに対し、密教では人がもともとそなえている仏性が表れれば、現世における肉体のままでも、それが仏であると考えるのだ。

この即身成仏については三つの段階がある。

ひとつは「理具成仏《りぐじょうぶつ》」。人は生まれながらに仏性がそなわっていると自覚することだ。

もうひとつは「加持成仏《かじじょうぶつ》」と呼ばれる考え方である。相応の修行を積んでいくことで、仏と自分が一体になった境地を実感できるようになるということ。

さらに修行を重ねると、その人にもともとそなわっていた仏の徳が表れ、後光が差しているかのようになる。これが「顕得成仏《けんとくじょうぶつ》」である。

密教の世界観

この世の本質とは？

空海が説く即身成仏の思想を理解するためには、まず密教の描く法の世界を知る必要があるだろう。密教では、「法（真実）」がそなえている本体そのもの（体）と、本体に表れる姿や形（相）、さらには本体が持つ働き（用）から成り立っていると考える。

つまり、仏や私たち人も含め、この世界に実存するすべては、体、相、用の三つの側面からできているといえる。

さらに、法そのものである「体」は「六大《ろくだい》」からなるという。六大とは、地・水・火・風・空という五つの要素と識の六つを指しており、これらが互いに影響し合っている。

地はすべての存在を支える働き。水は潤すもので液体のことで、すべてのものを受け入れる働きがある。火は燃えるもので、すべてのものを成熟させる性質を持つ。風は動くもの、すなわち気体であり、あらゆるものを養う働きがある。空は空間を表し、すべてのものを包み込む。

以上の物質的要素の五大に精神的要素の「識」が加わって六大となる。識はものごとを認識する作用である。

つまり、法は物質だけでなく、それを理解しようとする精神活動（識）が加わって存在するのだ。

空海の「六大無碍《むげ》にして常に瑜伽《ゆが》なり」という言葉に表されるように、すべてはこの六大の性質と働きが溶け合い、混じり合いながら存在している。

ゆえに、自分が法を内在していることを知れば、仏も自分と同じ位置にいることがわかってくると説くのである。

宇宙を構成する「体」「相」「用」と「六大《ろくだい》」とは？

密教の描く宇宙観

宇宙を形成する「体」「相」「用」とは？

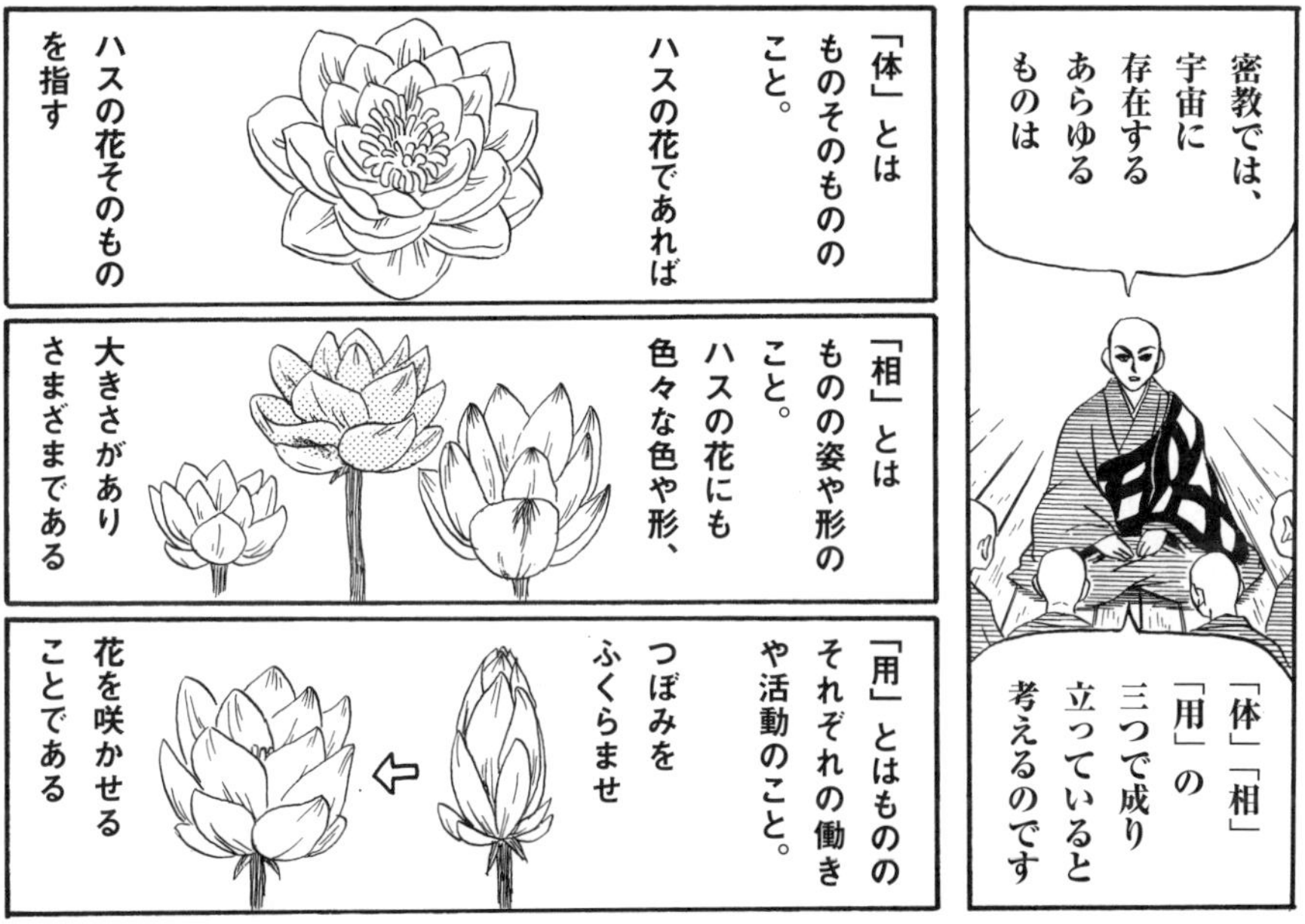
密教では、宇宙に存在するあらゆるものは
「体」「相」「用」の三つで成り立っていると考えるのです
「体」とはものそのもののこと。
ハスの花であれば
ハスの花そのものを指す
「相」とはものの姿や形のこと。
ハスの花にも色々な色や形、
大きさがありさまざまである
「用」とはものの それぞれの働きや活動のこと。
つぼみをふくらませ
花を咲かせることである

密教では、宇宙に存在するすべての物質には「体」「相」「用」の３つの側面があると考える

「体」における６つの要素「六大」

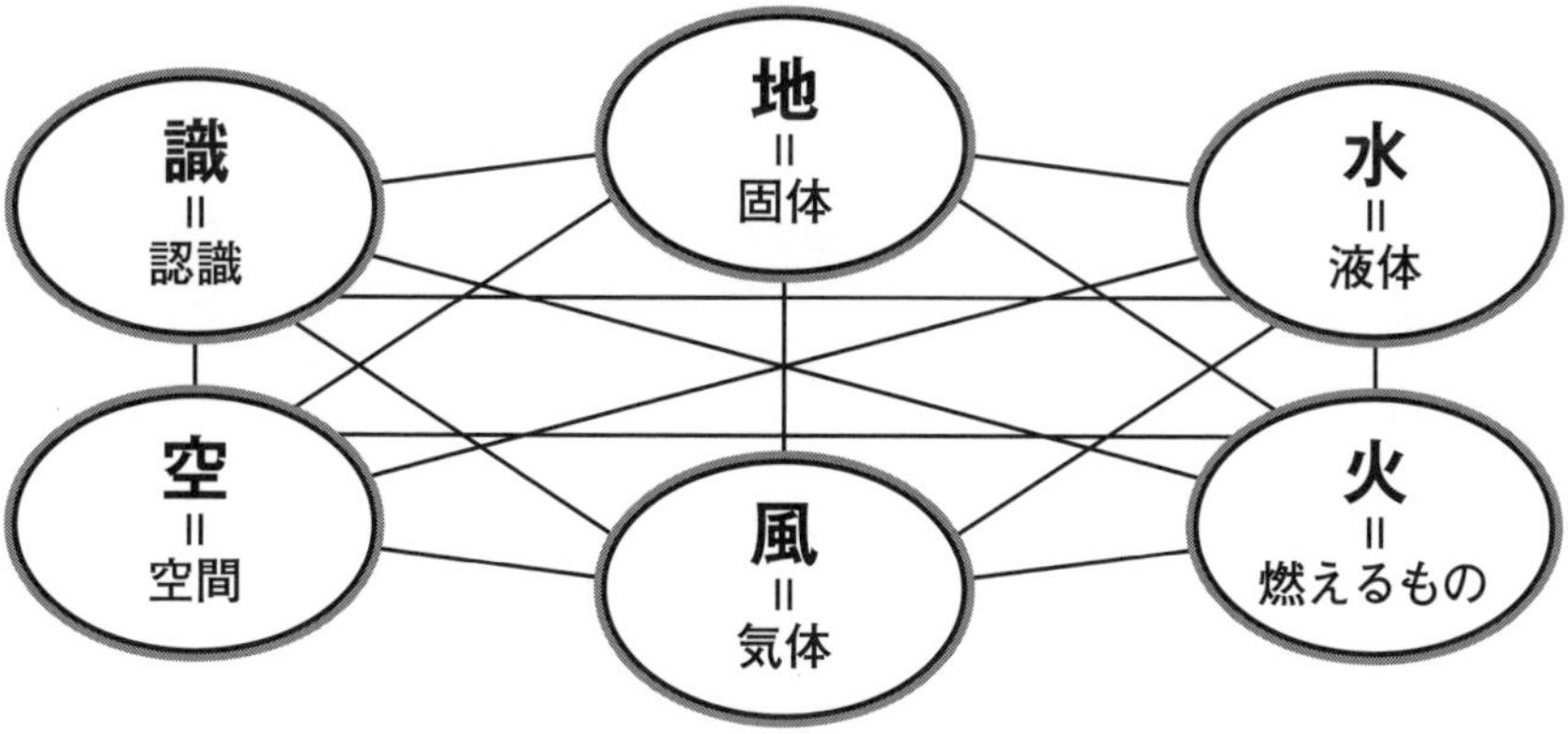
地
＝
固体
水
＝
液体
火
＝
燃えるもの
風
＝
気体
空
＝
空間
識
＝
認識

宇宙のすべては地・水・火・風・空の性質を持っている。これに宇宙のすべてを認識する力「識」が加わって六大となる。宇宙のすべては五大だけでなく、それを認識することではじめて存在するのである

三《さん》密《みつ》加《か》持《じ》

即身成仏に至るための行者と仏が一体化する方法とは？

仏と行者はどこが違うのか？

私たちの日常の行為や生活は「身体」「言葉」「心」の3つの働きで成り立っています。これを三業《さんごう》といいますが、仏にかぎっては三密《さんみつ》といいます

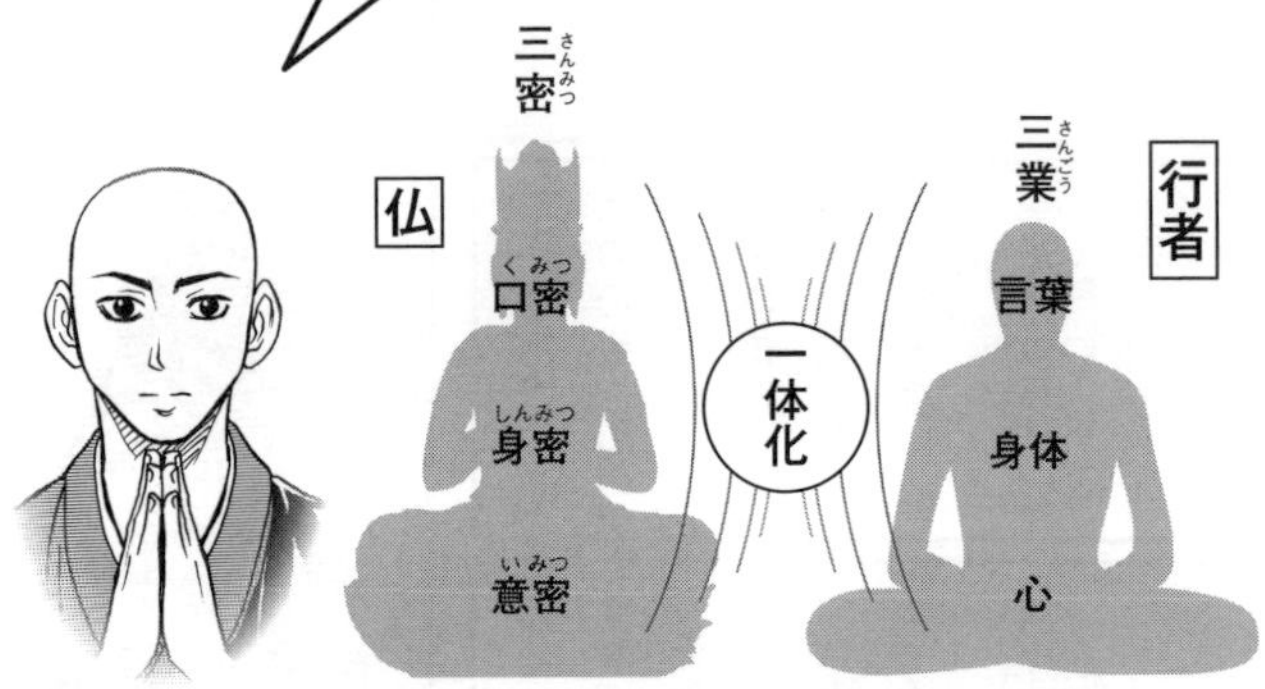

私たちの三業と仏の三密が一体化することで、即身成仏がかなうのです。この方法が「三密加持《さんみつかじ》」です

仏と一体になる修行法

空海が説く即身成仏に至るには、三密《さんみつ》加持《かじ》の修行が必要となる。

私たちの日常活動の基本は「身体活動」「言語活動」「精神活動」の三つである。仏教ではこれらを煩悩の源泉とみなして三業《さんごう》と呼んでいる。

しかし、煩悩から解き放たれた仏に限っては、人の三業にあたるこの三つを〝三密《さんみつ》〟と呼び、徳に溢れた神聖な働きとみなす。

三密加持とは、仏の大慈悲と人々の信心が交流することと言い

即身成仏に至る仏の「三密」とは？

口密《くみつ》
真言を唱える
身密《しんみつ》
印を結ぶ
意密《いみつ》
心に大日如来を
思い描く

**三密加持が完璧に行なわれたとき、行者は仏と一体化する。
それこそが即身成仏である**

空海は『即身成仏義《そくしんじょうぶつぎ》』で「手に印を結び、真言を唱え、心が静寂安和の状態になれば、三業と三密が相応して仏と一体化し、願いがかなう」と述べている

換えてもいい。つまり、煩悩が起こる源である人間の三業を仏の三密で打ち消し、仏との一体化を目指す修行なのだ。

具体的には手に仏の悟りを象徴的に示す印契《いんげい》を結び、仏の言葉である真言を口で唱え、心で仏との一体化を念ずる。すると修行者は六大で構成された法（真実）の世界と一体化し、この身が仏そのものである境地に至るのだ。

つまり、煩悩から解き放たれて気持ちが仏と一体になって生きていくことである。

密教の理解がより進むと、日常生活の動作においても手を使うことが印契を結ぶことに、言葉を発することが真言を唱えることと同様になり、生活のなかで即身成仏を体感できるようになる。

心の一〇段階

顕教《けんぎょう》との違いを明らかにした空海の著作『十住心論《じゅうじゅうしんろん》』の中身

悟りに至るまでのステップ

八三〇（天長七）年、五七歳の空海は、朝廷の求めに応じて宗旨を記した『秘《ひ》密《みつ》曼《まん》荼《だ》羅《ら》十《じゅう》住《じゅう》心《しん》論《ろん》』を書き上げた。略して『十住心論』と呼ばれている。

空海はそのなかで、人間の心のありようを一〇の段階に大別した「十住心」を説いた。

これは私たちが本来持っている仏性が、どのような段階を経て表れるかを示したものである。

まずもっとも低い次元に、食欲や性欲といった本能にのみ支配された生き方である第一住心の「異《い》生《しょう》羝《てい》羊《よう》心《しん》」がある。そこに倫理道徳が加わると第二住心の善の兆しが見える。さらに第三住心で来世に目覚め、第四住心で無我の境地（この世に実体としての個我は存在しないと自覚する）に達し、仏教に目覚める。

第五住心からはひたすら自らを内省し、自他の区別を超えた深い救済の境地へと向かい、第九住心で、この宇宙は仏の悟りの世界であると自覚する。ここが顕教《けんぎょう》の究極の到達点である。

しかしこれで終わらない。その悟りを実現させてくれる段階がある。それが密教である。密教の教えによって宝蔵（心）の扉を開け放ち、己の心で悟りを体感したとき、大日如来、すなわち真理の世界と一体になる。これが空海のいう最終地点、第十住心「秘《ひ》密《みつ》荘《しょう》厳《ごん》心《しん》」だ。

空海は、この「十住心論」の区分のなかで密教と顕教の違いを明らかにし、各段階を仏教各宗派に対比させた。そのうえで真言宗がすべての仏教を包括する形で、その頂点に置かれていると唱えたのである。

十住心論《じゅうじゅうしんろん》で説く10の段階

拾	第十住心 秘密荘厳心《ひみつしょうごんしん》	密教の教えによって宝蔵（心）の扉を開け放ち、真理の世界と一体になった段階	真言宗	密教
九	第九住心 極無自性心《ごくむじしょうしん》	この世は大日如来の悟りの世界であると自覚する、顕教の究極の段階	華厳宗	実大乗仏教
八	第八住心 一道無為心《いちどうむいしん》	この世のいっさいの現象はすべて清浄であると悟り、唯一絶対の立場に立つ段階	天台宗	
七	第七住心 覚心不生心《かくしんふしょうしん》	あらゆる現象の実在を否定し、すべては空だと徹底して悟った安楽の段階	三論宗《さんろんしゅう》	権大乗仏教
六	第六住心 他縁大乗心《たえんだいじょうしん》	一切衆生に対して絶対の慈悲が生じ、ただ心の働きだけが実在であると悟る段階	法相宗《ほっそうしゅう》	
五	第五住心 抜業因種心《ばつごういんじゅしん》	この世は因縁より生じていることを自覚し、とらわれを取り除いて悟りの世界を得る段階	縁覚乗《えんがくじょう》	部派仏教
四	第四住心 唯蘊無我心《ゆいうんむがしん》	この世に実体としての個我は存在しないと自覚し、無我の境地に達した段階	声聞乗《しょうもんじょう》	
参	第三住心 嬰童無畏心《ようどうむいしん》	来世があることを知り宗教心に目覚め、母親に抱かれた幼子のように安らいでいる段階	天乗《てんじょう》 道教 バラモン教	仏教以外の宗教
弐	第二住心 愚童持斎心《ぐどうじさいしん》	本能に支配されていた段階から、良心が芽生え、人への施しに目覚めた倫理的段階	人乗《にんじょう》 儒教	
壱	第一住心 異生羝羊心《いしょうていようしん》	食欲や性欲といった本能にのみ支配されたもっとも低い次元	一向行悪行《いっこうぎょうあくぎょう》	非宗教

10の段階のうち、第一住心から第九住心までが顕教で、真言密教にあたる秘密荘厳心がそれらの上位にくるとし、密教の優位性を説いている

印契《いんげい》

なぜ、密教にはさまざまな印の結び方が存在するのか？

印とはなにか？

ルーツ　バラモン教の祭司が神々と交信するために用いた指の組み合わせ

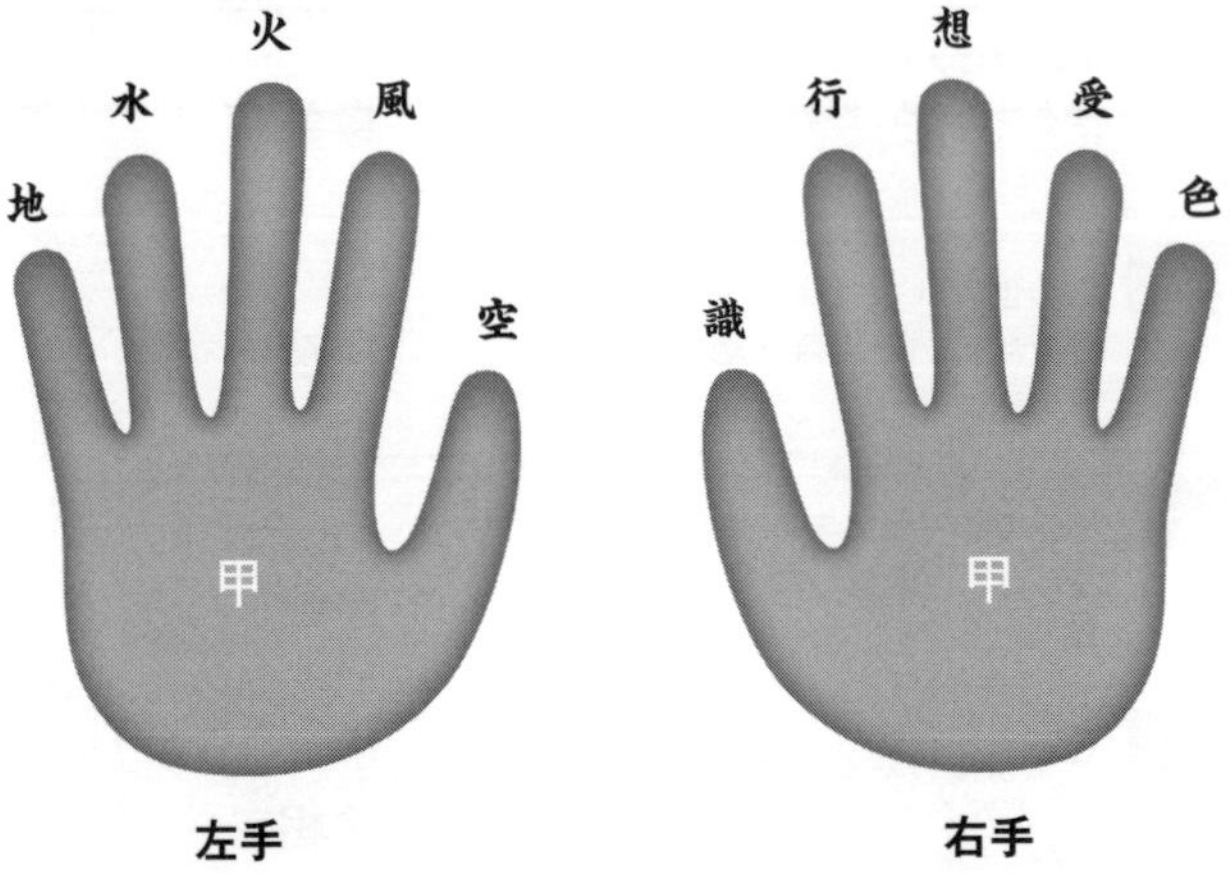

左右の10本の指は、右手小指から順に「色、受、想、行、識」を、左手小指から順に「地、水、火、風、空」を表す

意味　仏の悟りや功徳の内容を意味している

仏と同じ力を発揮する印

真言宗では「身《しん》・口《く》・意《い》」の三《さん》密《みつ》が仏と一体化することで悟りに至るが、そのなかの「身」における修行の手段が、両手の指をさまざまな形で合わせて結ぶ「印契《いんげい》（印）」である。

もともと印はインドのバラモン教の祭司が神々と交流する手段として用いた「ムドラー」に由来するもので、密教に継承された。

仏像を見るとさまざまな印を結んでいるように、印はひとつではない。一二種の合掌《がっしょう》と六種の拳《けん》と

さまざまな印の結び方

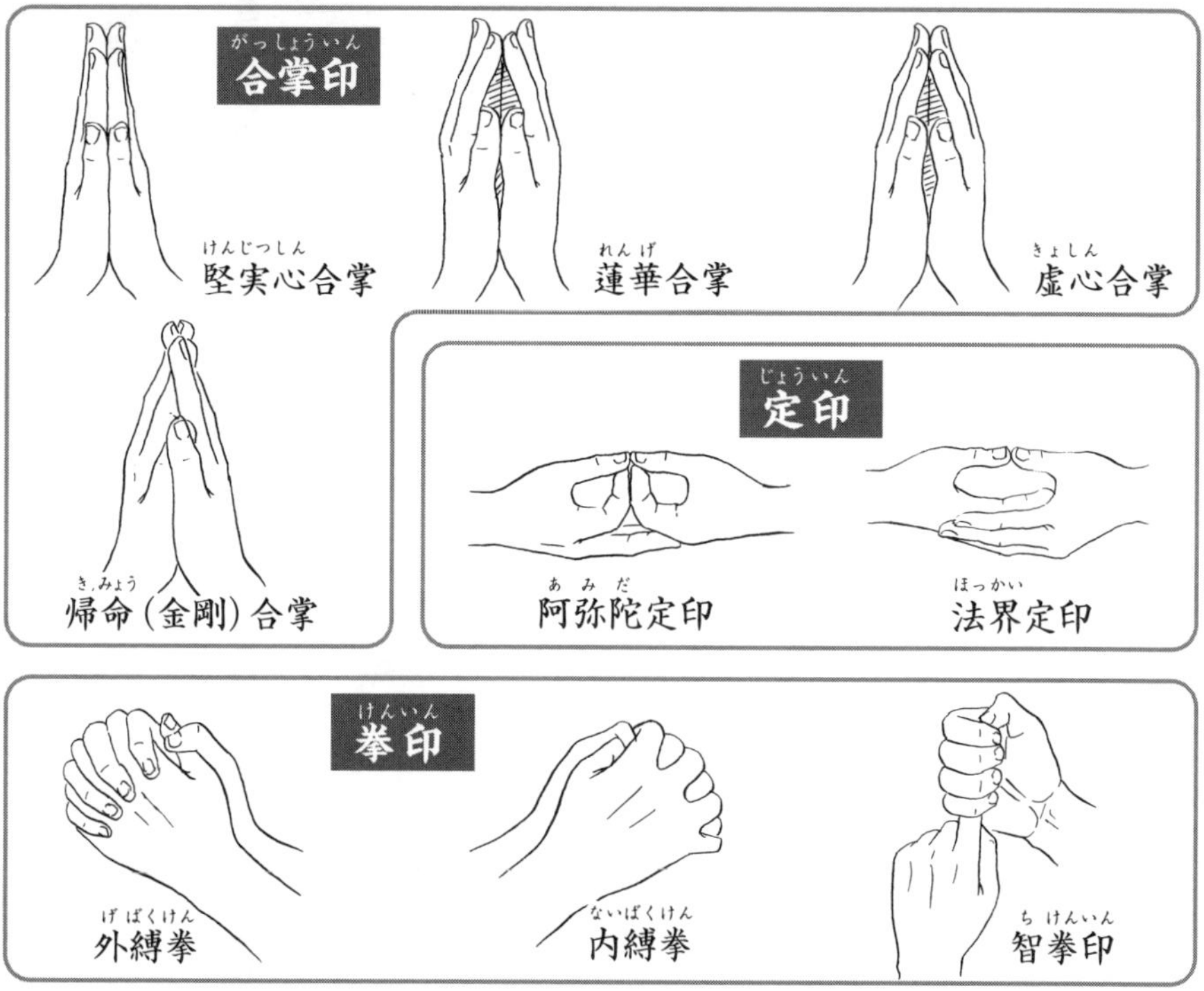
合掌印《がっしょういん》
堅実心《けんじつしん》合掌
蓮華《れんげ》合掌
虚心《きょしん》合掌
帰命《きみょう》（金剛）合掌
定印《じょういん》
阿弥陀《あみだ》定印
法界《ほっかい》定印
拳印《けんいん》
外縛拳《げばくけん》
内縛拳《ないばくけん》
智拳印《ちけんいん》

印には基本的な１２種の合掌、６種の拳印があるが、ここでは比較的頻繁に用いる４種の合掌と３種の拳印、２つの定印をとりあげる

が中心となり、無数にあるといわれている。

印の種類が多いのは、印が仏の悟りの内容や誓願を表すからで、つまり、誓願の数だけ印があることになる。

それぞれの印の形は、仏の衆生救済の象徴、誓願実現のための行動が具現化されたものと考えられる。

僧侶は仏と同じ印を結ぶことで、印が表す諸仏の悟りの力を受け、仏と一体化できると考えられている。

そのため僧侶以外が印をみだりに使うことは禁じられ、僧侶も袈《け》裟《さ》や法衣で印を覆ってむやみに人に見せないようにしている。

真言

空海がもっとも重んじたという真言は、なにを意味するのか？

もっとも用いられる真言

真言

大日如来の言葉。宇宙の根本で真理そのものである大日如来の言葉は、そのままで真実を表している。これを原語のまま唱えることで、仏と共鳴し一体化できると考えられている

光明真言《こうみょうしんごん》

オン アボキャ ベイロシャノウ
マカボダラ マニ ハンドマ
ジンバラ ハラバリタヤ ウン

訳 すべてを成就せしめる大日如来に帰依《きえ》したてまつる。本来不二の大印を押し、私たちに財宝と慈悲と光を与えるものよ。迷いを変えて悟りを開かせたまえ

光明真言は真言密教でもっともよく用いられる真言。熱心な真言宗の家では毎日光明真言を唱えるのが通例

神に祈る呪文の言葉

真言とは、真実そのものである大日如来が発した言葉である。いわば、法の世界そのものを表現したものといえる。

真言宗では真言を唱えることは三密行《さんみつぎょう》のうちの口密《くみつ》にあたる。大日如来の言葉である真言を、仏のように梵語（サンスクリット語）のまま唱えることによって、仏と共鳴して一体化できると考えられた。

〝真言宗〟という名からもわかるように、空海は三密のなかでもこ

空海、真言の重要性を説く

大日如来の説法は言葉と文字で表されているように感じていますが、これはわたしたちが日常的に使っている言葉や文字と同じではないのです
宇宙の本質を構成している「六大」そのものなのです
だから、わたしたち人間が経験することはすべて大日如来の言葉と文字そのものと考えられるのです
つまりこの世は、大日如来の休みなき説法の表れなのです
こうした「理《ことわり》」を象徴したのが真言にほかならないのです
空海が三密行のなかでもっとも重要視したのが、真言を唱える修行だった

の真言を重んじたとされる。

真言は神に祈りを捧げる呪文である。内容は帰依《きえ》の表明や、諸仏の功徳をたたえるものなど、それぞれに意味を持つ言葉である。梵語を漢訳せず、漢字の音写で唱えるため、そのままでは意味はわからない。

しかし、あえて漢訳しなかったのは、梵語そのものに神々をも動かす呪力があると考えられていたためだ。言葉の霊力を信じる言霊《ことだま》信仰のある日本でも、梵語を呪文としてそのまま用いて今に至っている。

通常短いものを真言、長いものを精神統一を意味する陀羅尼《だらに》と呼んで区別するが、空海はたった一字であっても、大日如来の真理が含まれていると説いている。

阿《あ》字《じ》観《かん》

在家の一般信者が行なう悟りを実現させる修行法

阿字を思い浮かべる瞑想

即身成仏に至る三密加持《さんみつかじ》の修行は、一般の信徒にとっては簡単にできるものではない。そこで誰もができる修行法が阿字観《あじかん》である。

阿字観の「阿字」とは梵語五〇字の最初の文字だ。すべての文字の根源とされ、そこから人智を超えて仏性を示す文字とみなされた。

阿字観は梵字の「ア」という文字（阿字）を連想して、自分自身のなかに宿る仏を感じ、大日如来と一体になる観法（瞑想法）である。

仏と一体になる修行のため、精神を極限にまで高める必要がある。そのため難易度の低い数息観《すそくかん》からはじめ、月輪観《がちりんかん》、阿字観の手順で行なうのが好ましいとされる。

最初の数息観は、いわば腹式呼吸の要領で行なう。一から一〇まで数えながら口から息を吐き出し、一〇から一まで数えながら鼻から空気を腹に入れるように大きく吸い込む。こうして心を落ち着かせて次の段階へ進む。

月輪観の「月輪」とは満月のこと。真言宗では人の心を完全無欠な満月にたとえた。

方法は白い円を描いた掛け軸を前に坐り、目を閉じて、心のなかに満月を思い描く。満月が見えるよう瞑想が深まったら、心の満月を大きくしていく。最後は宇宙も満月に包まれていると感じられるようになるという。

月輪観の次は、いよいよ阿字観を行なう。阿字を唱えながらの「声」、掛け軸の阿字を見ながら心に思い描く「字」、阿字が持つ不生不滅という意味を考えながらの「相」という三つを同時に行なう。心の阿字が宇宙と同じくらい大きくなるまで瞑想が深まったとき、悟りが実現するのである。

正しい阿字観の方法

①準備をする

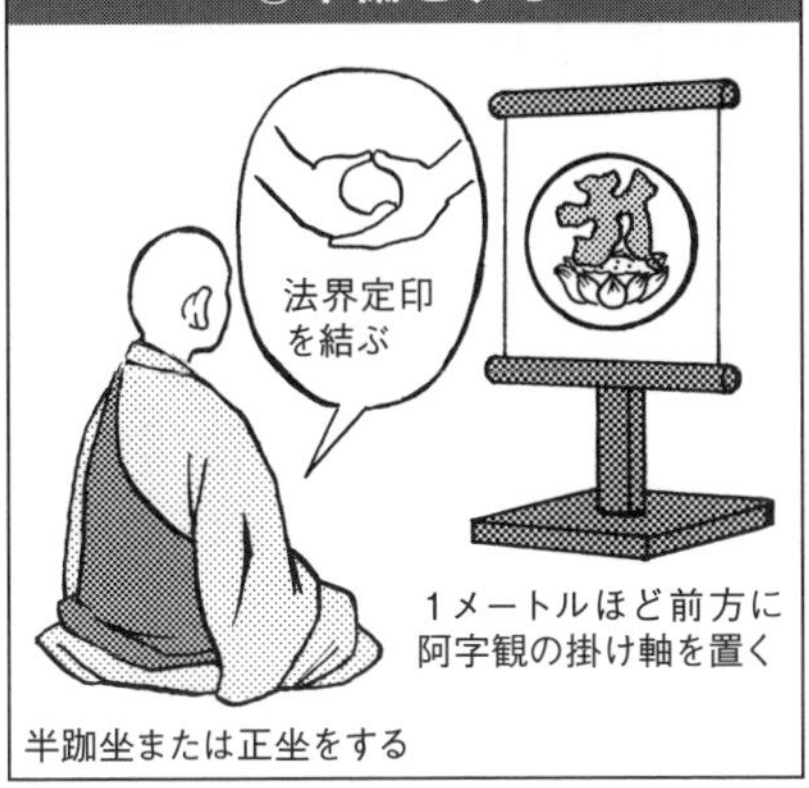
法界定印
を結ぶ
1メートルほど前方に
阿字観の掛け軸を置く
半跏坐または正坐をする

阿字観の掛け軸を用意し、掛け軸の1メートルほど手前で半跏坐《はんかざ》または正坐をする。法界定《ほっかいじょう》印《いん》を結んで、心を落ち着ける

②数息観《すそくかん》をする

空気を腹に入れるつもりで腹式呼吸を行なう
口から息を吐き、鼻から息を吸い込む

腹式呼吸の要領で、口から息を吐き、鼻から息を吸い込む。このとき空気を胸でなく腹に入れるような気持ちで大きく吸い込む

③月輪観《がちりんかん》をする

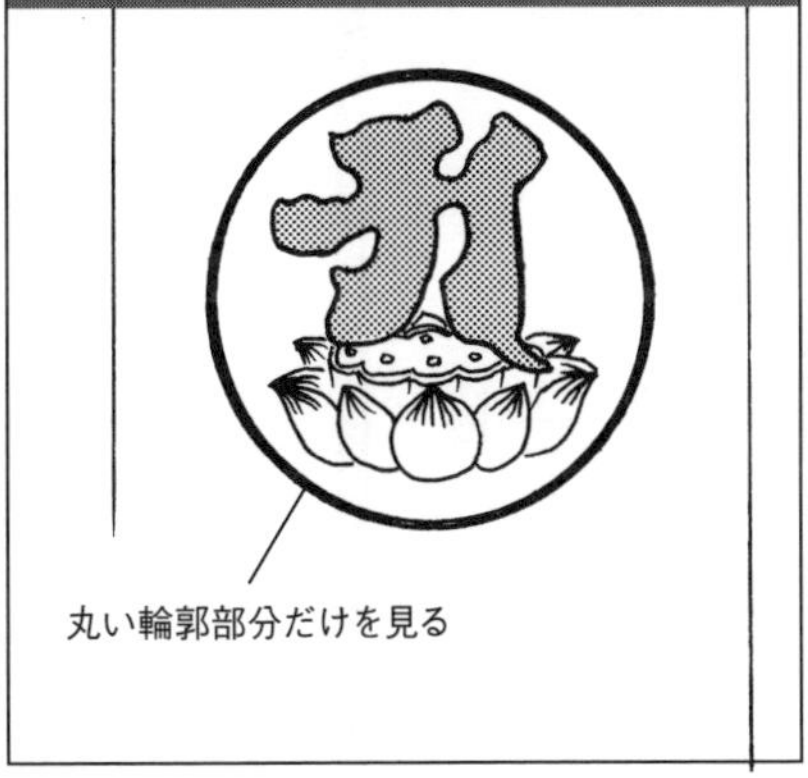
丸い輪郭部分だけを見る

阿字観の掛け軸にある丸い輪郭部分を見つめ、目を閉じて心のなかに満月を思い浮かべる。しだいに自分や宇宙までもが月輪に包まれる感覚をおぼえる

④阿字観をする

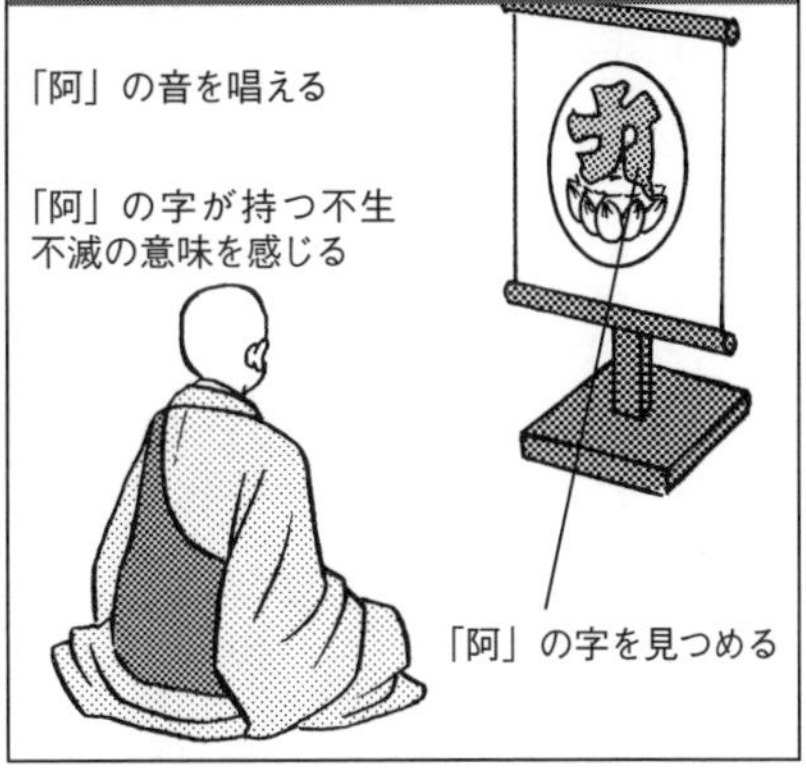
「阿」の音を唱える
「阿」の字が持つ不生不滅の意味を感じる
「阿」の字を見つめる

月輪観の次は、阿字観に入る。①呼吸のさいに「阿」の音を唱える、②掛け軸に描かれた「阿」の字を見つめる、③阿字が持つ不生不滅の意味を考える

護摩《ごま》

智慧の炎で煩悩を焼く
密教ならではの祈禱法

護摩とはどんな修行か？

密教では加持祈禱を「修法」と呼ぶ。なかでも代表的なものが燃えさかる炎のなかに、供物を投げ入れながら祈る「護摩《ごま》」だ。

護摩というのは「焚《た》く」という意味の梵語「ホーマ」を音写した言葉。もともとはバラモン教が火の神に捧げる儀式を密教が取り入れて護摩となった。

真言宗では「火」は大日如来の真実の智慧と考える。火中に投じる供物を人間の煩悩になぞらえ、それを焼き浄めることで悟りを得る修行である。

また、護摩の炎で悩みの原因や病魔を焼き尽くして願いをかなえる意味も持っている。

内《ない》護摩《ごま》と外《げ》護摩《ごま》

この護摩には、内《ない》護摩《ごま》と外《げ》護摩《ごま》の二種類がある。内護摩とは瞑想のなかで行なう護摩のこと。仏と一体化した行者の智慧の火（智火）によって己の煩悩を焼き尽くし、悟りの心を完成させる観法だ。

それに対し、実際に壇を構え、炎のなかに供物を捧げるのが外護摩である。

内護摩と外護摩は同時進行されるものであり、神々に供物をして願いをかなえてもらう一方、行者自身の内面を清浄にするものだ。

護摩の目的には、「息災《そくさい》」「増益《ぞうやく》」「調伏《ちょうぶく》」「敬愛《きょうあい》」の四つの種類がある。

その目的ごとに護摩を行なう方位、炉の形、供物の種類などが事細かく定められている。

さらに、修される場所にも二種類あり、屋外で行なわれるものは「柴灯《さいとう》護摩」、寺院内の護摩壇で行なわれるものは「壇《だん》護摩」と呼ばれている。

護摩の種類と形式

護摩には2種類ある

護摩

内護摩

意識のなかで行なう護摩。如来の火で煩悩を焼き尽くして清浄な心を生むとされている

自己の精神のなかで炎を燃やす内護摩のイメージ

外護摩

壇を構え火を焚いて、実際に炉中に供物を投げ入れ神仏に供養し、祈りを捧げる修法

外護摩祈禱の様子

護摩は目的によって形式が変わる

目的	息災 災厄をはらう	増益 福徳や利益を増大させる	調伏 他者からの障害を除去する	敬愛 和合・親睦を祈る
炉の形			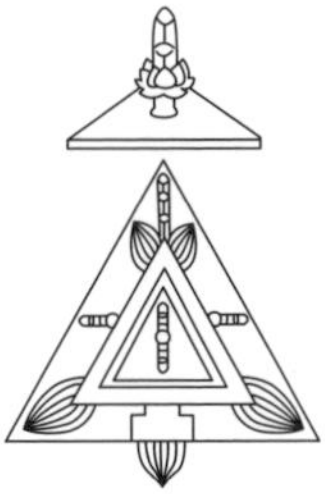	
衣の色	白	黄	黒	赤
坐る向き	北	東	南	西

護摩ではあらゆる仏が本尊になりうるが、炎の神格化といえる不動明王を本尊とすることが多い

曼荼羅《まんだら》の世界

密教の世界観を凝縮し、視覚的に表した装置

曼荼羅はなにを表しているのか？

この世の森羅万象がことごとく仏の現れであり、意味のないものはなにひとつないという真理

空海による曼荼羅の分類

曼荼羅はその用途、形態などによってさまざまな分類がある。空海は曼荼羅をその形態（外観）から４種に分けている

大曼荼羅

宇宙に展開されている普遍的な形相を、仏の図像を用いて表した、一般的な曼荼羅

三昧耶《さんまや》曼荼羅

宇宙に展開されている特殊な形相を、法輪、武具、蓮華など仏を象徴する持物で表した曼荼羅

法曼荼羅

宇宙の真理を、仏を象徴する梵字を用いて表した曼荼羅

羯磨《かつま》曼荼羅

宇宙が休むことなく常に活動し続けていることを、仏像を用いて表した曼荼羅

悟りの世界を表した霊具

幾何学的な図形のなかに数多くの仏の絵が描かれた曼荼羅《まんだら》は、いわば瞑想のために作られた装置である。目的は、文字では伝えきれない密教の教えを、視覚的に理解させるためのものである。

曼荼羅は、この世の森羅万象がことごとく大日如来が姿を変えて現れたものであることを示し、仏の悟りの世界を表したものだ。密教僧はこの曼荼羅を前にして印を結び、口で真言を唱え、心を曼荼羅の諸尊と相通じさせる。そうす

なぜ密教では曼荼羅を用いるのか？

密教の教えは深く
神秘的なため
文字では伝えにくい
だから図像を用いて
理解できない人々の
目を開くのです

**文字では伝えきれない奥深い内容を、
真髄まで理解させる道具が曼荼羅**

れば自分が仏に変容し、仏の世界とひとつになるとされる。

初期の曼荼羅は土壇に築かれた。こうして諸尊を迎え、瞑想が行なわれ、終わればとり崩された。

しだいに紙や布などに描かれた曼荼羅図が木壇の上に敷かれるようになり、やがて壁に掛けられた曼荼羅図まで登場した。

空海は曼荼羅を「大曼荼羅」「三昧耶《さんまや》曼荼羅」「法曼荼羅」「羯《かつ》磨《ま》曼荼羅」の四つの種類に分けた。「大曼荼羅」は仏の姿が描かれた一般的な曼荼羅。「三昧耶曼荼羅」は仏の持物《じもつ》で仏を象徴的に表し、「法曼荼羅」は梵字で個々の仏を表した曼荼羅だ。これらに対して「羯磨曼荼羅」は、仏の活動を表したもので、彫像を使った立体曼荼羅のことである。

胎蔵界《たいぞうかい》曼荼羅

『大日経《だいにちきょう》』の教えを図示した真言密教の核

大日如来の慈悲の世界

　真言密教で、根本の教えとして重視されているのが、胎蔵界《たいぞうかい》曼荼羅と金剛界《こんごうかい》曼荼羅の二つ。これらを総称して両部《りょうぶ》曼荼羅という。寺院では本尊の両側に掛けられる。真言密教ではこの二つを合わせることで、仏の慈悲と智慧との合一を表している。

　このうち胎蔵界曼荼羅は密教の根本経典である『大日経《だいにちきょう》』の教えを図示し、大日如来の真理を表したものである。

　その内容は母親の子宮のなかではぐくまれていく胎児のように、その子宮を蓮《はす》の花になぞらえ、人間が持っている仏性の種子が大日如来の慈悲によって目覚め、花が開き、悟りという実を結ぶまでの過程を描くものである。中央に大日如来が坐り、そのまわりに如来、菩薩など四〇九尊が配置されている。

　中央の中台八葉院《ちゅうだいはちよういん》は曼荼羅の基本原理を表す。中央に大日如来が、東西南北の蓮弁に四如来がそれぞれ配される。これは大日如来が持つ四つの智慧を表したものだ。

　この中台八葉院の四如来は、四国遍路でいう「発心《ほっしん》」「修行」「菩提」「涅槃《ねはん》」の四つの道場に対比される。

　東の宝幢《ほうどう》如来は悟りを目指す「発心」、南の開敷華王《かいふけおう》如来は悟りをすすめる「修行」、西の無量寿《むりょうじゅ》如来は悟りを体感する「菩提」、北の天鼓雷音《てんくらいおん》如来は悟りを完成させる「涅槃」である。

　つまり、胎蔵界曼荼羅には大日如来の力が四方へと渡り、観世音《かんぜおん》菩薩の慈悲や文殊《もんじゅ》菩薩の智慧などに具現化して悟りへと導いていく理《ことわり》が表現されているのである。

写真で見る胎蔵界《たいぞうかい》曼荼羅

●胎蔵界曼荼羅

胎蔵界曼荼羅は大日経の教えを図で表したもの。大日如来の真実（理）を示している
©観蔵院（染川英輔画）

●各院の名称

①大日如来
②宝幢《ほうどう》如来
③開敷華王《かいふけおう》如来
④無量寿《むりょうじゅ》如来
⑤天鼓雷音《てんくらいおん》如来
⑥普賢《ふげん》菩薩
⑦文殊《もんじゅ》菩薩
⑧観世音《かんぜおん》菩薩
⑨弥勒《みろく》菩薩

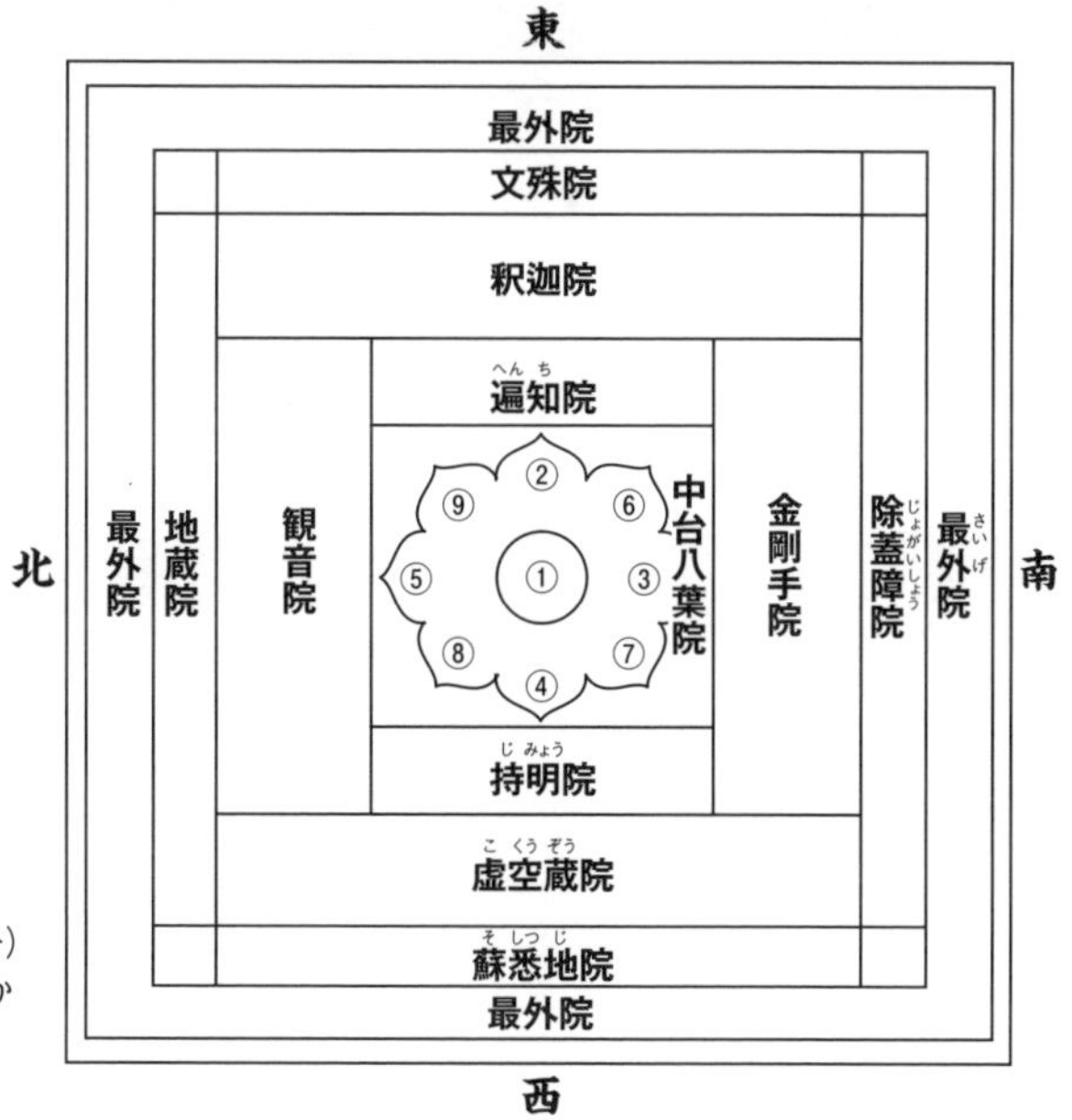
東
最外院
文殊院
釈迦院
遍知院《へんち》
中台八葉院
①
②
③
④
⑤
⑥
⑦
⑧
⑨
持明院《じみょう》
虚空蔵院《こくうぞう》
蘇悉地院《そしつじ》
最外院
西
北
最外院
地蔵院
観音院
金剛手院
除蓋障院《じょがいしょう》
最外院《さいげ》
南

胎蔵界曼荼羅は12の院（部分）に分けられ、409尊の仏が描かれている

金剛界《こんごうかい》曼荼羅

大日如来の「智」を表した『金剛頂経《こんごうちょうぎょう》』の世界

写真で見る金剛界《こんごうかい》曼荼羅

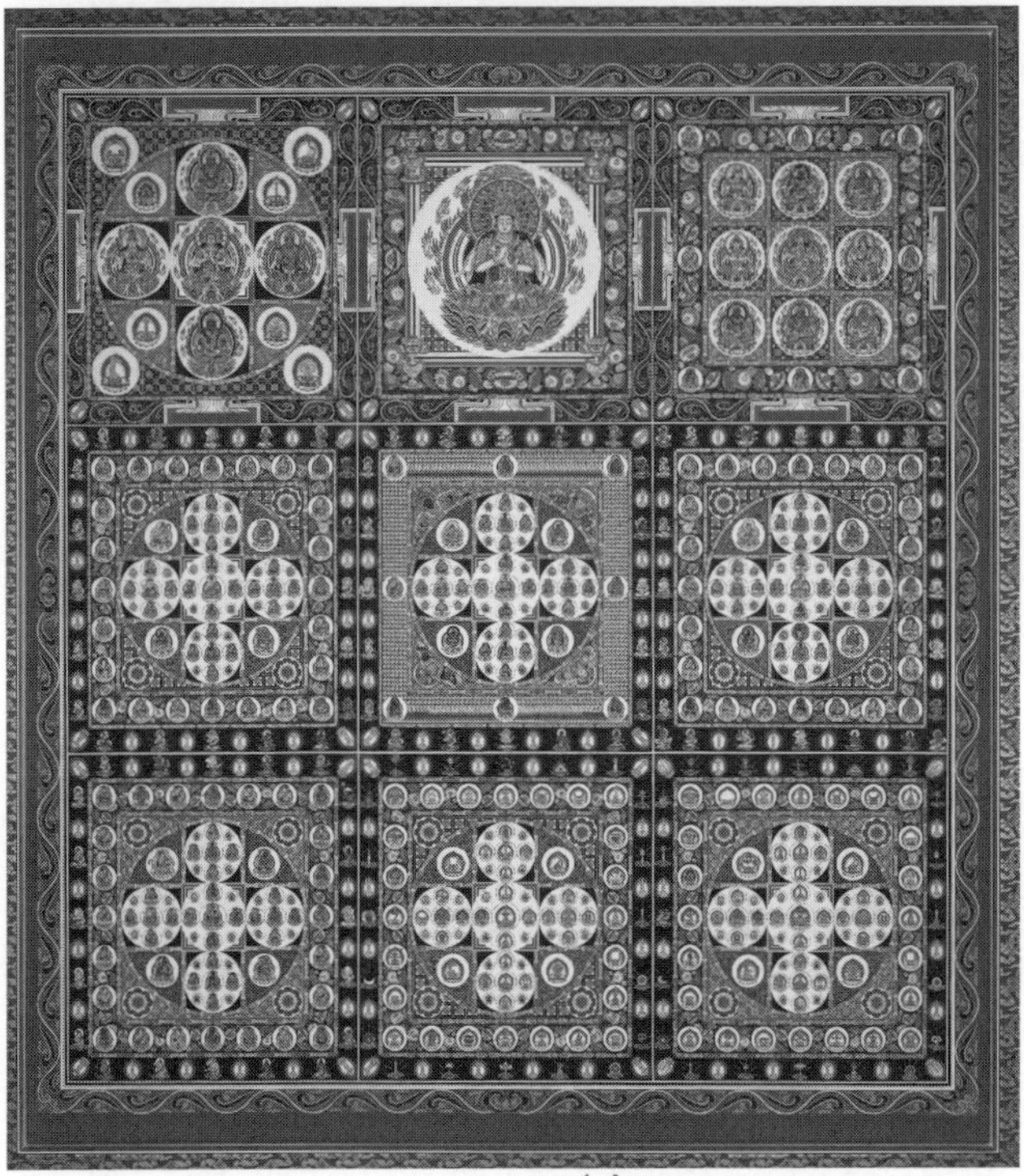

金剛界曼荼羅は9つの部分に区分されており「九会《くえ》曼荼羅」と呼ばれる。理(真実)を表す胎蔵界曼荼羅に対して、金剛界曼荼羅は智を表している

©観蔵院（染川英輔画）

胎蔵界《たいぞうかい》との違いとは？

『大日経』とならぶ密教の根本経典『金剛頂経《こんごうちょうぎょう》』の世界を描いたのが金剛界曼荼羅だ。これは金剛界如来の悟りの世界を表したもので、金剛界如来とは大日如来のことである。

胎蔵界が「理」の世界を表しているのに対し、金剛界は「智」を表す。六大《ろくだい》でいえば「識」にあたる精神の世界を表現する。宇宙の精神を象徴し、真理に到達する心の成長を描いたものである。

当然その図柄も胎蔵とは異なる。

金剛界曼荼羅になにが描かれているのか？

A　金剛法菩薩
B　金剛業菩薩
C　金剛薩埵菩薩
D　金剛宝菩薩

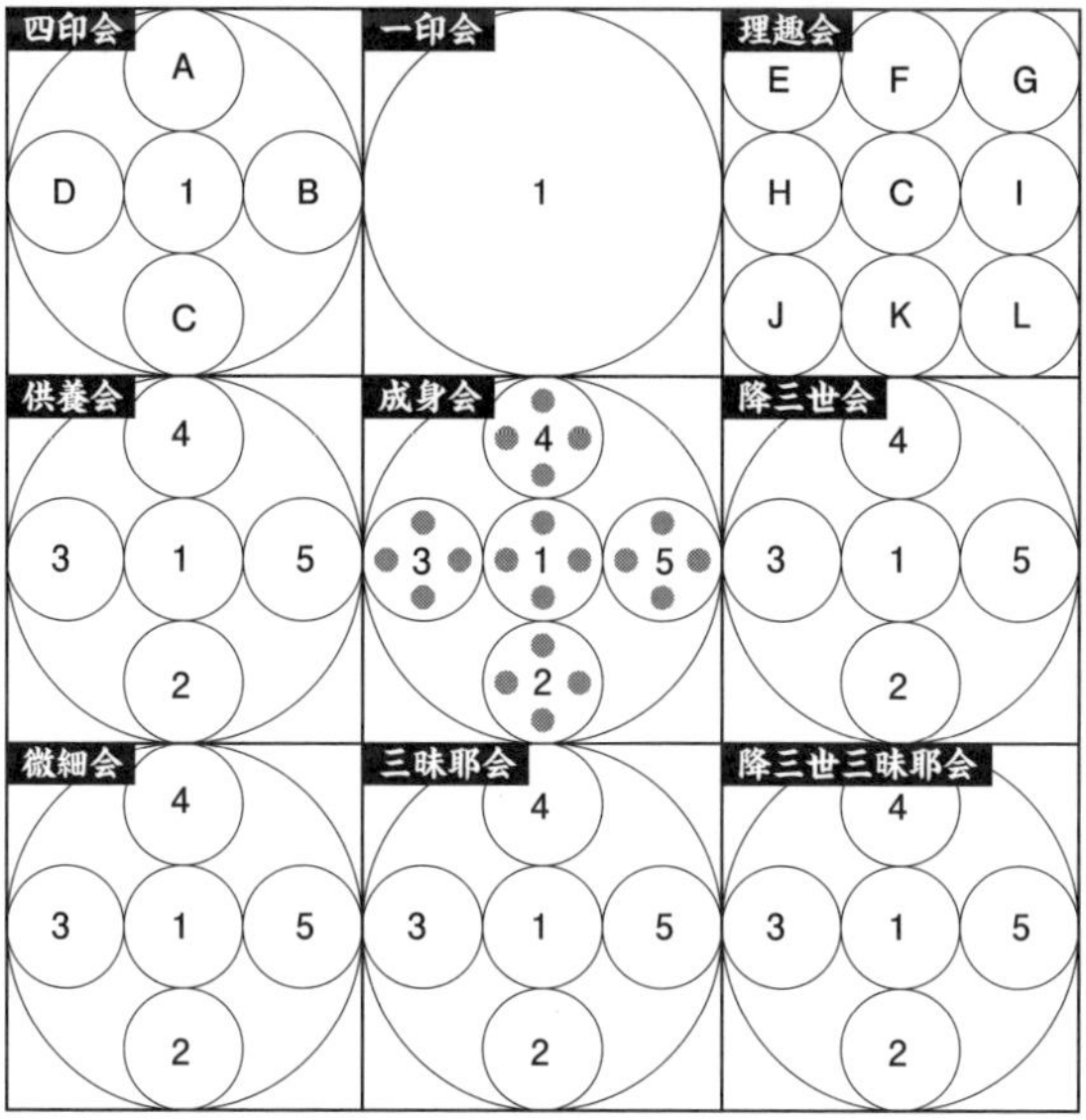

C　金剛薩埵菩薩
E　髻利吉羅金剛女
F　愛金剛菩薩
G　愛楽金剛女
H　触金剛菩薩
I　慢金剛菩薩
J　意生金剛女
K　欲金剛菩薩
L　意気金剛女

1　大日如来
2　阿閦如来
3　宝生如来
4　阿弥陀如来
5　不空成就如来
●　諸菩薩

九つの正方形に分かれているため、九会《くえ》曼荼羅とも呼ばれる。九場面で修行や仏の救済の段階を渦巻き状に示しているのが特徴である。

衆生を救うあらゆる方法

では、九会それぞれはなにを示したものなのだろうか。

画面の中心となるのが中央に位置する成身会《じょうじんえ》。ここのみで『金剛頂経』の根本原理が示されるともいわれるほど重要な会だ。大日如来を中心に阿閦《あしゅく》、宝生《ほうしょう》、阿弥陀《あみだ》、不空成就《ふくうじょうじゅ》の四如来、さらに菩薩など一四六一もの仏が描かれ、大日如来の智の世界を表している。

三昧耶会《さんまやえ》は成身会で表された金剛界如来の智慧を具体的に描いたもの。ただし、仏を描くのではなく、仏具で表している。

もっとも重要な成身会《じょうじんえ》の見方

阿弥陀如来
外の四供養菩薩
内の四供養菩薩
四摂菩薩
宝生如来
不空成就如来
大日如来
阿閦如来

©観蔵院（染川英輔画）

⟹ ……供養の向き
供養 ……利己的な欲望を離れ、ひたすら他のために奉仕する行為

▼

大日如来の悟りの智慧が縦横無尽に躍動しているさまを表している

金剛界曼荼羅の根本になるので根本会ともいう。大日如来の世界を衆生に示す完成されたものといえるため、この会だけを金剛界曼荼羅と呼ぶこともある

微細会《みさいえ》は、いかなるところにも智慧が満たされていることを表す。諸仏が金剛杵《こんごうしょ》のなかに描かれるのが特徴である。

供養会《くようえ》には菩薩たちが天女となり、如来を供養する姿が描かれる。これは大日如来の智慧と功徳が衆生に降り注いでいることを表す。

四印会《しいんえ》は成身会を簡略化したもの。一印会《いちいんえ》はさらにそれを簡略化し、大日如来のみが描かれる。

理趣会《りしゅえ》では大日如来の代わりに金剛薩埵《さった》が出現。人間社会における菩薩の活動が示される。

降三世会《ごうざんぜえ》は大日如来の活動を現実世界に展開させている。金剛薩埵が明王に変身し、救いがたい衆生を救うことを示している。降三《ごうざん》世三昧耶会《ぜさんまやえ》はそれを仏具で表したものである。

金剛界曼荼羅の2つの見方

金剛界曼荼羅の関係は下図のような2つの見方がある。ただし、経典の記述は向下門の順で説かれているため、金剛界曼荼羅について述べるときは成身会からはじめるのが通例である

向下門《こうげもん》

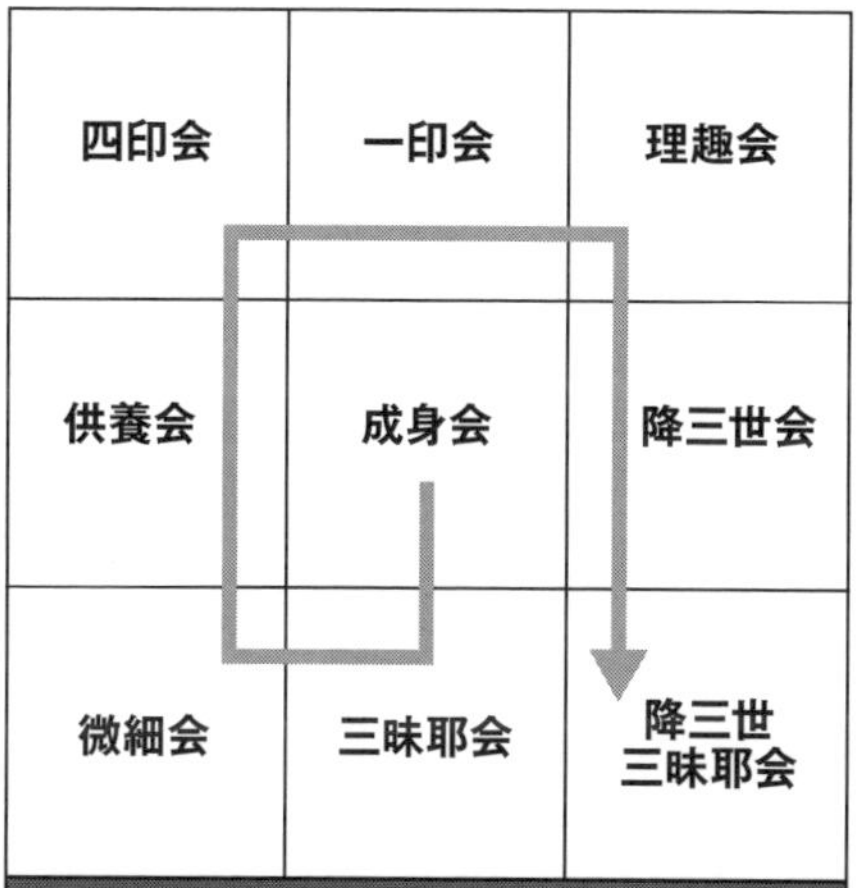
四印会
一印会
理趣会
供養会
成身会
降三世会
微細会
三昧耶会
降三世三昧耶会

仏が人々を救いに向かう過程を表している

向上門《こうじょうもん》

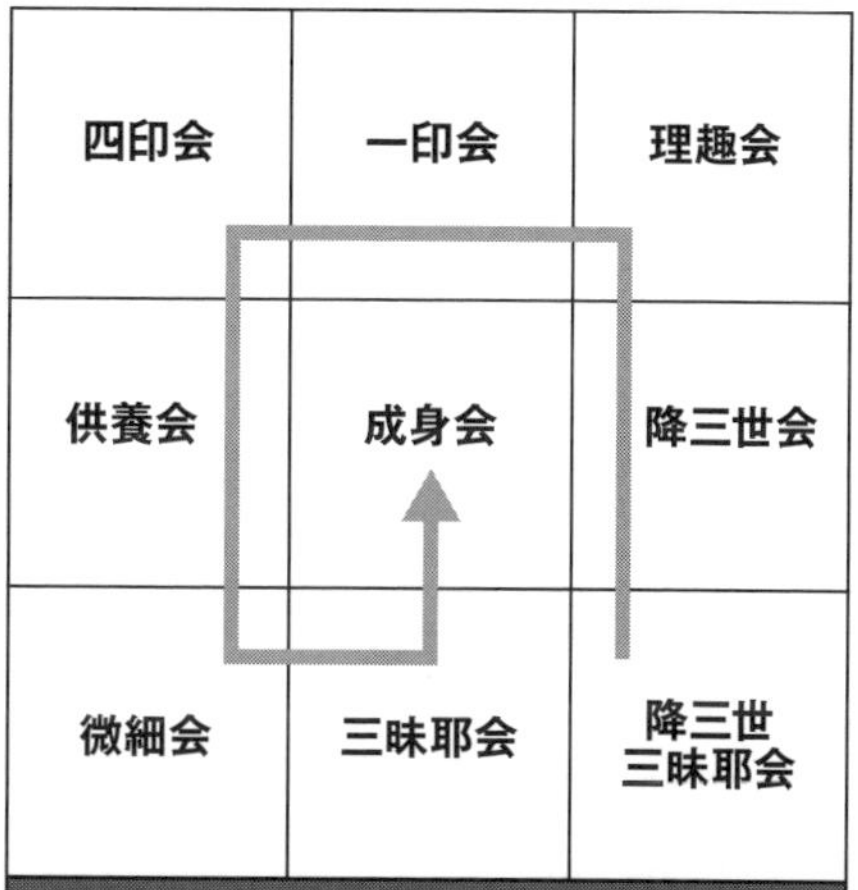
四印会
一印会
理趣会
供養会
成身会
降三世会
微細会
三昧耶会
降三世三昧耶会

人々が悟りに至る過程を表している

教化と悟りへの道しるべ

九会は、仏の救済の道のりや悟りに至る段階をも示している。

成身会から時計回りに辿ると衆生を救済に向かう働きを示し、向下門《こうげもん》と呼ばれる。成身会から一印会までは真理のさまざまな心の形が表現され、理趣会からは大日如来が菩薩となって現れ、現実世界に近づく様子が描かれている。降三世会からは煩悩を滅ぼす明王が登場し、どんな人々も救うという過程を示している。

逆に降三世三昧耶会から成身会へは、衆生が悟りに至る修行の過程を示し、向上門《こうじょうもん》と呼ばれる。

金剛界曼荼羅は、まさに大日如来の世界、すなわち宇宙をあらゆる角度から表現した図といえる。

理趣経《りしゅきょう》

男女の愛欲さえも菩薩の境地だと説く教え

誤解を招きやすい教え

日本の仏教では、宗派ごとに教義のもとになる経典があり、儀式のなかではそれを読誦《どくじゅ》するのが一般的である。これは常用経典と呼ばれる。真言宗の常用経典は、正しい道に連れていくという意味を持つ『理趣経《りしゅきょう》』である。

だが、その内容から誤解を生みやすく、一般の人には公開させられない秘経とされていた。

その内容とは、「煩悩も本質的には清浄である」という考えに基づき、仏教ではタブーとされた男女の愛欲を菩薩の境地だとみなして肯定していることだ。

そのため、この部分のみを受け入れ、性の儀礼を取り入れた怪しげな宗派も生まれた。

しかし『理趣経』はたんに愛欲をすすめるものではない。自分のなかにある仏と同じ性質を見つけるため、性のエネルギーを利用することを説いたものだ。

そもそも密教は現実社会において、理想世界を実現することを説いた教えである。その基本にある考えは、人は誰しも仏の資質を持つというもの。そのため貪欲や愛欲、怒りの心もその本質は清浄（空）である。しかしそこに自分だけが満たされたいという利己的な欲が加わるから、煩悩が生まれるだけなのだ。

ならば煩悩から清浄な本質が現出するようにすればよい。そのためにも、まずは煩悩をそのまま受け入れ、そのうえで三密の修行によって負のエネルギー（煩悩）を神聖な力に変えようと説いている。

このように、負のエネルギーを悟りを開くために利用しようとするのが『理趣経』の教えなのである。

理趣経《りしゅきょう》の世界観を読む

理趣経

「煩悩も本質的には清浄である」という考えに基づき、煩悩の代表とされる性のエネルギーを悟りを開くために利用するという教えが書かれている

触金剛《そくこんごう》菩薩

金剛薩埵の菩提心に触れることを表している

愛金剛《あいこんごう》菩薩

金剛薩埵の人々への無償の愛を表している

女尊

女尊

女尊

女尊

©観蔵院
（染川英輔画）

欲金剛《よくこんごう》菩薩

金剛薩埵の人々を愛しく思う慈悲の心を表している

金剛薩埵《こんごうさった》菩薩

右手の金剛杵で煩悩を打ち砕き、左手の金剛鈴《れい》で人々を迷いから目覚めさせる

慢金剛《まんこんごう》菩薩

金剛薩埵の人々を救済する積極性を表している

理趣会の特徴は、中心の尊が大日如来ではなく金剛薩埵であり、それを取り巻く諸尊も欲・触・愛・慢の四菩薩であること。理趣経の特殊な世界観を表している

密厳仏国《みつごんぶっこく》

真言宗の理想郷は、あの世ではなく現世にある！

密厳仏国《みつごんぶっこく》の思想とは？
さまざまな理想郷
浄瑠璃国土《じょうるりこくど》
はるか東方にある薬師如来が治める浄土
薬師如来
西方浄土《さいほうじょうど》
はるか西方にある阿弥陀如来が治める浄土
阿弥陀如来
妙喜国土《みょうきこくど》
はるか東方にある阿閦如来が治める浄土
阿閦如来
密厳仏国
大日如来の光で満たされた理想の現実世界
大日如来
理想の世界（本来そなわっている大日如来の特性をすべての人が発揮している世界）に近づけるため、現世を良くしていこうという思想

浄土はあの世にあるとする顕教に対して、現実世界を肯定する真言宗では理想の浄土はこの世にあるため、この世を良くすることが究極の目的である

この世に現出した仏の国

真言宗が理想とするのが、この世に仏の国を作ることである。これを密厳仏国《みつごんぶっこく》という。

顕教が現世を否定し、浄土《じょうど》は現世とはかけ離れた遠いところにあると考えていたのに対し、空海はこの世に浄土、つまり仏の国が存在しうると説いた。

なぜなら密教では、この世界のあらゆるものは法（真実）の根源である大日如来そのものだと考えていたからである。よって現世を良くし、人々の苦しみを和らげる

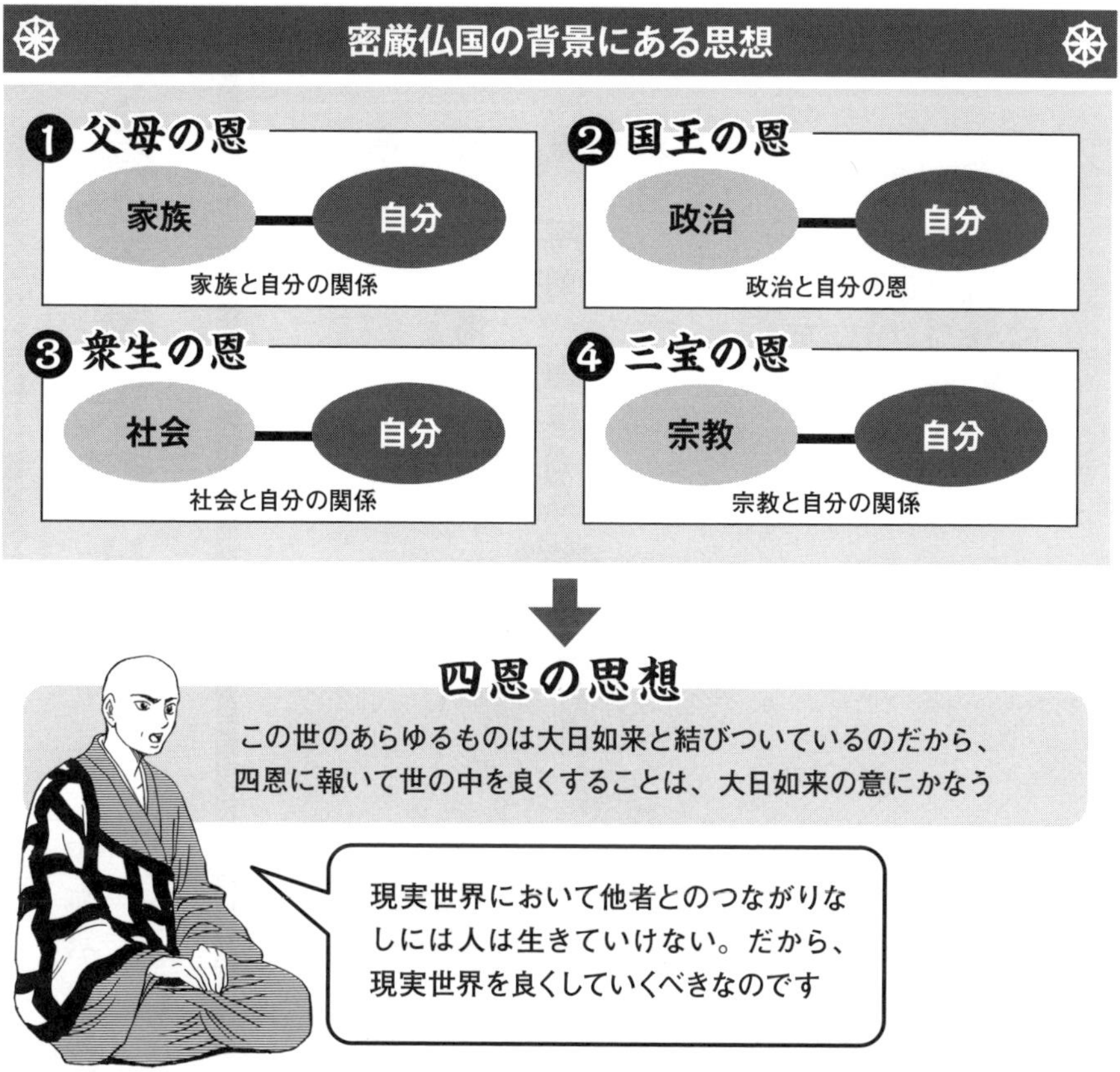
密厳仏国の背景にある思想
❶ 父母の恩
家族
自分
家族と自分の関係
❷ 国王の恩
政治
自分
政治と自分の恩
❸ 衆生の恩
社会
自分
社会と自分の関係
❹ 三宝の恩
宗教
自分
宗教と自分の関係
四恩の思想
この世のあらゆるものは大日如来と結びついているのだから、
四恩に報いて世の中を良くすることは、大日如来の意にかなう
現実世界において他者とのつながりなしには人は生きていけない。だから、現実世界を良くしていくべきなのです

こと、つまり我々が住んでいる世界を少しでも良くすることが仏の意志であるとされた。

　この空海の理想は般若三蔵《はんにゃさんぞう》の訳した経典にある「四恩《しおん》」の思想が背景になったと考えられる。

　四恩とは父母の恩、国王の恩、生命の恩恵を受けている衆生の恩、そして三宝（仏、その教えの法、僧）の四つを指している。

　この四つは現代における家庭、政治、社会、宗教に置き換えることができるだろう。

　我々が、これらと関わり合いながら成り立っていることを自覚し、感謝することを説いたのが四恩の思想である。

　そして空海はこの四恩に恵まれたこの現世こそ、大日如来の仏の国だと考えたのである。

虚空蔵求聞持法《こくうぞうぐもんじほう》

空海が密教の道を究めるきっかけとなった過酷な修行

陀羅尼《だらに》を一〇〇万回読誦《どくじゅ》

空海が密教の道を究めるきっかけとなったのは、ある僧から虚空《こくう》蔵《ぞう》求聞持法《ぐもんじほう》という密教の秘法を伝授されたことだった。

これは中国の善無畏《ぜんむい》が翻訳した雑密《ぞうみつ》の経典に基づいて行なわれる修法で、抜群の記憶法を得ることができるものとされた。

その方法は、虚空蔵菩薩の図像を前に、陀羅尼を五〇日間ないし一〇〇日間ひたすら読誦《どくじゅ》するというもの。その数なんと一〇〇万回である。そのためこれを実践する

虚空蔵求聞持法とはなにか？

南牟《ナウボ》
阿迦捨《アキャシャ》　掲婆耶《キャラバヤ》
唵《オン》　阿唎《アリ》　迦麼唎《キャマリ》
慕唎《ボリ》　莎嚩訶《ソワカ》

虚空蔵菩薩の真言を50日ないし100日のあいだに100万回唱える

空海が密教の道に進む決意をしたのは、この虚空蔵求聞持法で神秘体験を得たことが大きいとされている

虚空蔵求聞持法の中身

①虚空蔵菩薩の図像を描き、場所を選んで置く
②香木で壇を作り像の前に置く
③塗香《ずこう》、花、香、飲食《おんじき》、灯を用意する
④手を水で浄め、供物を壇上に置く
⑤虚空蔵菩薩像に礼拝し、半跏坐《はんかざ》をする
⑥印を結び、虚空蔵の真言を三度唱える
⑦真言を七度唱えながら、印を結んだままの手で壇を水で浄める
⑧真言を唱えながら印を結んだままの手で結界を張る
⑨真言を二五度唱え虚空蔵菩薩を招く
⑩蓮華を差し出す
⑪真言を一度唱えながら塗香を壇に塗る
⑫真言を一度唱えながら花を壇上に撒く
⑬真言を二度唱えながら香、飲食、灯を捧げる
⑭真言を一度唱えながら心で菩薩を供養する
⑮菩薩の観想を行ないながら真言を唱え続ける
⑯牛蘇加持という秘密行法を行ない、智慧を授かったら終了

『最澄と空海』（立川武蔵）を参考に作成

としたらほぼ不眠不休の過酷な修法となる。

　一〇〇万回唱え終えたら、牛蘇《ぎゅうそ》加持《かじ》という秘密の行法を行なう。その方法は、牛乳を煮詰めて製造した牛蘇を混ぜながら、さらに陀羅尼を唱える。そして牛蘇に気・煙・火のいずれかの相が見られれば、虚空蔵求聞持法は完了したことになり、この牛蘇を服用すれば、抜群の記憶力を得られるという。

　この修行はあまりにも過酷なため、行者はときに仏の声を聞いたり、仏の姿を見たりするという神秘的な体験をすることがある。空海もこの修行で、明けの明星が口のなかに飛び込むという神秘体験をしている。それによって密教こそが自分の進むべき道だと悟ったのである。

四国八十八ヶ所 お遍路MAP

四国は空海の生誕地であり、若いころに修行した場所。お遍路とは、四国各地に点在する八十八ヶ所の札所を巡礼することをいう。お遍路を通して自分を見つめ、新しい可能性を開くのである

修行の道場 土佐の国〔高知県〕（24番〜39番）

- ㉔ 最御崎寺
- ㉕ 津照寺
- ㉖ 金剛頂寺
- ㉗ 神峯寺
- ㉘ 大日寺
- ㉙ 国分寺
- ㉚ 善楽寺
- ㉛ 竹林寺
- ㉜ 禅師峰寺
- ㉝ 雪蹊寺
- ㉞ 種間寺
- ㉟ 清滝寺
- ㊱ 青龍寺
- ㊲ 岩本寺
- ㊳ 金剛福寺
- ㊴ 延光寺

発心の道場 阿波の国〔徳島県〕（1番〜23番）

- 01 霊山寺
- 02 極楽寺
- 03 金泉寺
- 04 大日寺
- 05 地蔵寺
- 06 安楽寺
- 07 十楽寺
- 08 熊谷寺
- 09 法輪寺
- 10 切幡寺
- 11 藤井寺
- 12 焼山寺
- 13 大日寺
- 14 常楽寺
- 15 国分寺
- 16 観音寺
- 17 井戸寺
- 18 恩山寺
- 19 立江寺
- 20 鶴林寺
- 21 太龍寺
- 22 平等寺
- 23 薬王寺

涅槃の道場（66番〜88番） 讃岐の国〔香川県〕

- 66 雲邊寺（※住所は徳島県）
- 67 大興寺
- 68 神恵院
- 69 観音寺
- 70 本山寺
- 71 弥谷寺
- 72 曼荼羅寺
- 73 出釋迦寺
- 74 甲山寺
- 75 善通寺
- 76 金倉寺
- 77 道隆寺
- 78 郷照寺
- 79 天皇寺
- 80 国分寺
- 81 白峰寺
- 82 根香寺
- 83 一宮寺
- 84 屋島寺
- 85 八栗寺
- 86 志度寺
- 87 長尾寺
- 88 大窪寺

75番：善通寺

父・佐伯氏の氏寺があった場所で、空海はここで誕生した。弘法大師三大霊跡として、多くの参拝者が訪れる

60番：横峰寺

空海は42歳のときにここで厄除けの星供養を行ない、近くにある石鎚山に登って21日間の修行をした

菩提の道場（40番〜65番） 伊予の国〔愛媛県〕

- 40 観自在寺
- 41 龍光寺
- 42 仏木寺
- 43 明石寺
- 44 大宝寺
- 45 岩屋寺
- 46 浄瑠璃寺
- 47 八坂寺
- 48 西林寺
- 49 浄土寺
- 50 繁多寺
- 51 石手寺
- 52 太山寺
- 53 円明寺
- 54 延命寺
- 55 南光坊
- 56 泰山寺
- 57 栄福寺
- 58 仙遊寺
- 59 國分寺
- 60 横峰寺
- 61 香園寺
- 62 宝寿寺
- 63 吉祥寺
- 64 前神寺
- 65 三角寺

38番：金剛福寺

足摺岬の遊歩道には「弘法大師（空海）の七不思議」伝説がある。「金剛」の由来は、空海が唐から日本に向けて金剛杵を投げた逸話から

コラム

書道家

さまざまな顔を持つ空海③

平安の三筆

空海の真筆とされる書

大日経開題《かいだい》	真言宗で読誦される『大日経』の大意を総括したもの
金剛般若経開題	『能断金剛般若経』を、空海自身が密教的立場から解釈したもの
聾瞽指帰《ろうこしいき》	儒、道、仏三教について3人の仮托人物に論ぜしめたもの。空海24歳の著作
三十帖策子《さんじゅうじょうさっし》	空海が経典を筆写したメモ帳のようなもの
風信帖《ふうしんじょう》	空海が最澄に宛てた書状を1巻にまとめたもの
灌頂歴名《かんじょうれきめい》	813年春に高雄山寺で空海が灌頂を授けた人の歴名
真言七祖像賛《しちそぞうさん》幷《なら》びに行状文《ぎょうじょうぶん》	空海が描いた真言七祖の画賛。飛白体の書法を試みている
崔子玉座右銘《さいしぎょくざうめい》	後漢の崔瑗の『座右銘』100字を草書で2、3字ずつ、数十行に書いたもの

◇芸術としての書

「弘法にも筆の誤り」「弘法筆を択《えら》ばず」という今に残ることわざは、空海が稀代の名筆家である証といえる。

空海は嵯峨天皇、橘《たちばなの》逸勢《はやなり》とともに日本三筆の一人に数えられている。しかし単に達筆というだけでなく、書道を芸術の域にまで高めたのは空海をおいてほかにいない。

空海は相手や状況に合わせ、書体を自在に使い分け、自由に変化させた。そのため表現法も書体もさまざまで、空海の書を見比べてみると同じ人が書いたとは思えないほどである。そこには空海の表現への意志が明確に表れている。

空海は若いころから書を学んでいたが、

空海直筆の書「風信帖」

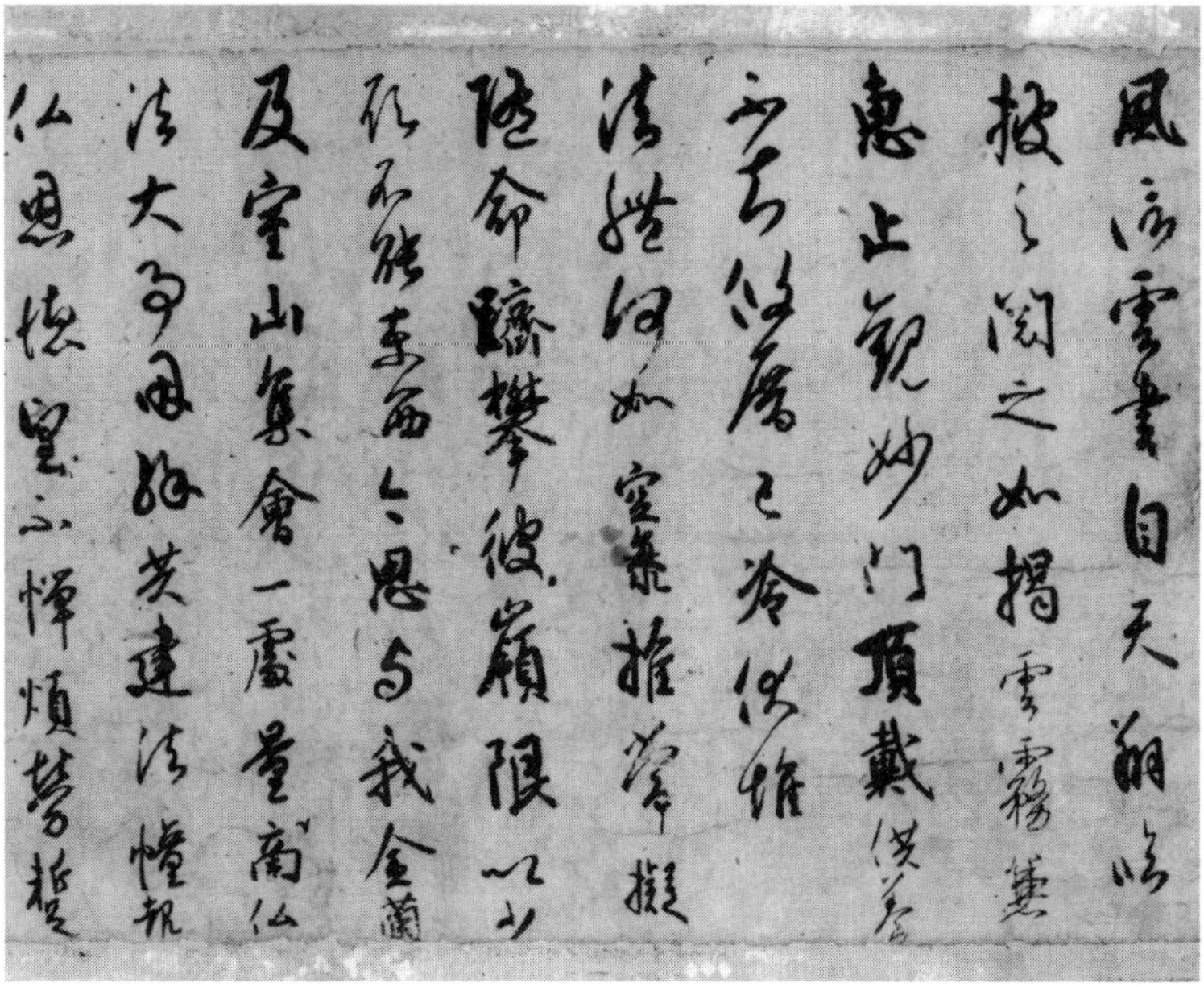

©東寺／提供：便利堂

唐でも本場の筆法や書体を熱心に研究した。うねるように躍動する「飛白《ひはく》」や、さまざまな書体を混ぜた「雑体《ざったい》書」は唐から持ち帰った新手法で、空海の独特な世界を表現するものだ。

また空海は筆、紙、墨の素材、製法にもこだわり、それらを研究し尽くした。皇太子に狸毛の筆を献上したときの添え状には「能書は必ず好筆を用う」「臨池《りんち》（書道）は字を逐《お》いて筆を変ず」と書いているが、これは字のうまい人は必ずよい筆を用いる、字を書くときは書体に従って筆を替えるという意味で、「筆を択ばず」どころか「筆を択べ」と言っている。

書を究めた空海は、宗教家であるとともに表現者でもあったのだ。

コラム

土木技師

さまざまな顔を持つ空海④

空海の土木事業

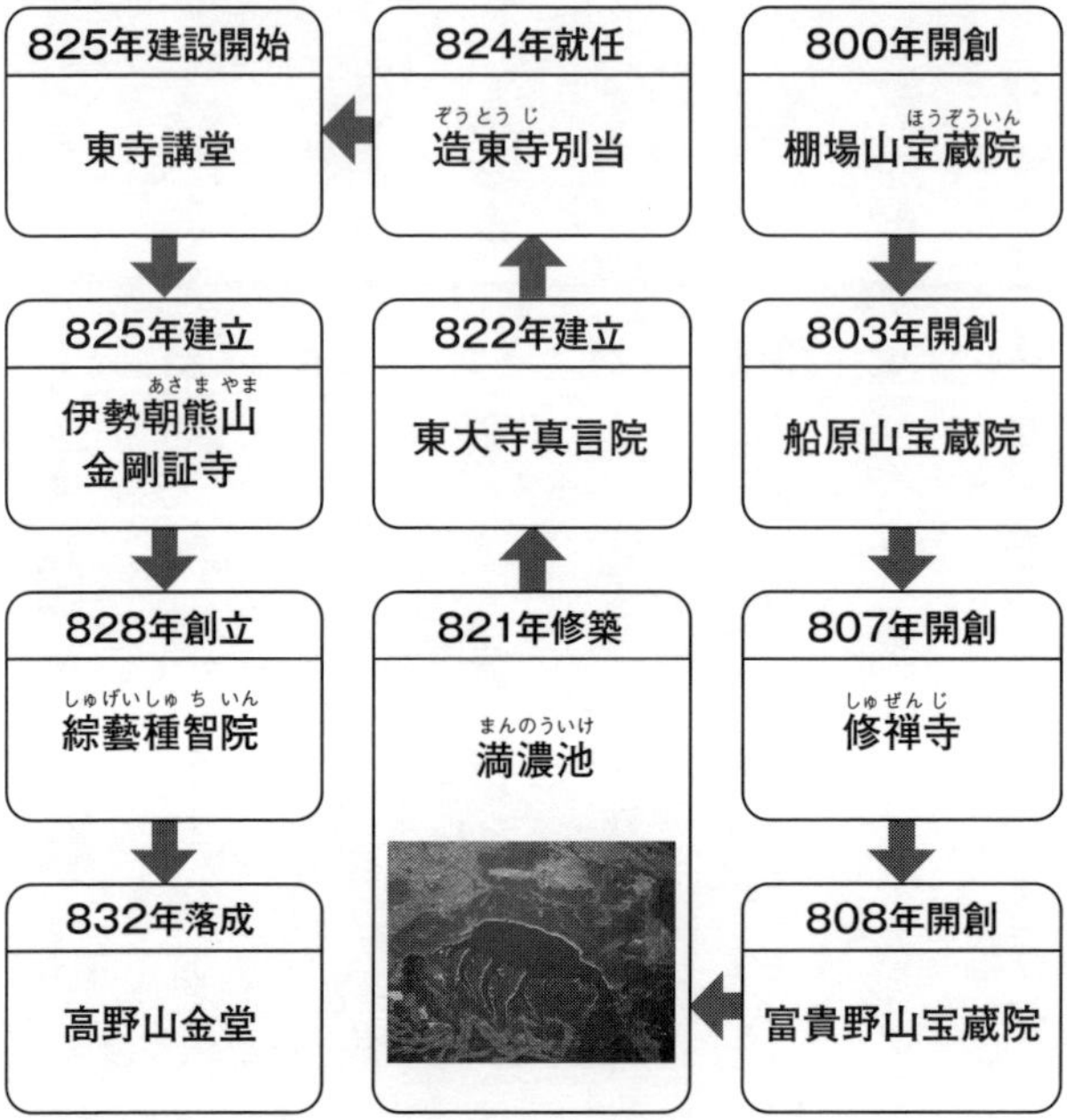

800年開創
棚場山宝蔵院《ほうぞういん》
803年開創
船原山宝蔵院
807年開創
修禅寺《しゅぜんじ》
808年開創
富貴野山宝蔵院
821年修築
満濃池《まんのういけ》
822年建立
東大寺真言院
824年就任
造東寺《ぞうとうじ》別当
825年建設開始
東寺講堂
825年建立
伊勢朝熊山《あさまやま》
金剛証寺
828年創立
綜藝種智院《しゅげいしゅちいん》
832年落成
高野山金堂

空海は、満濃池の堤防修築をはじめ、寺院建築などを精力的に行なっている

◇知識と法力で挑む治水事業

空海は多くの土木事業や治水事業を行なったといわれている。寺院の建立では自ら設計に関わり、温泉を開いたという伝承もあるが、なかでももっとも知られているのが故郷・讃岐国の満濃池《まんのういけ》の修築だろう。

満濃池は、空海の生家があったとされる現在の善通寺市から約八キロの地点にある巨大な池である。当時はこの水によって四六〇〇ヘクタールの田が潤されていた。

しかし、この池はしばしば決壊して被害を出したため、空海を故郷の誉れと仰ぐ人々はその法力と土木技術を借りたいと思っていた。そこで、住民は空海の派

満濃池の修築

讃岐国「満濃池」。この池の堤防は毎年決壊し被害をもたらしていた
その修築指揮として空海が呼ばれた
三か月で完成させましょう
何年かかってもできなかったものを…たった三か月で!?
そんなばかな…
ザワ
半信半疑の民衆であったが空海の指揮に導かれ——三か月後
おおっ本当に完成させてしまった!
なんというお人だ!
みなさんの力あってこそです

幾度となく決壊を繰り返していた満濃池は、日本最大のため池でもある。空海が祈禱した場所には神野寺が建てられている

遣をお上に頼む。こうして、空海が堤防修築の責任者に命じられることになったのである。

空海は、この地に着くなり大きな岩の上に修法の壇を設け、護摩を焚いて仏天の加護を祈った。それを知るやいなや四国各地から人々が集まってきて工事に加わった。そしてわずか三か月で修築を完成させてしまうのである。

そのとき築かれた池の内側に向いたアーチ状の堤防は、水圧を分散させるという意味できわめて合理的であり、現在でも技術者たちが見学に訪れるという。

これは空海が優れた土木技術を有していた証だが、空海が実際にどのような技術指導をしたかは不明である。

第3章 密教世界の神仏たち

なにも語りかけず、ただそこにじっとたたずむ。
しかし目の前にすれば、誰もが自然に手を合わせ頭を垂れてしまう存在感――。
仏像とは不思議な存在である。
密教においても、大日如来を中心に、
菩薩、明王、天部と数多の神仏が存在し、その姿かたちもさまざまである。
ここでは、密教における神仏について、
成り立ち、意味、その象徴となる印について解説する。
神仏を通して、密教をさらに深く理解するヒントになるだろう。

（なお、ここで紹介している真言や印のかたちは、それがすべてではなく、一例に過ぎないことを汲んで読むこと）

大日如来《だいにちにょらい》

密教体系の中心をなす絶対的な存在

（金剛界）

あまねく照らす仏さま

大日如来は密教における最重要仏尊で、ヒンドゥー神話では巨人族の王の息子アスラ「マハーヴァイローチャナ」として登場している。インドでは「あまねく照らす」という意味の「ビルシャナ」と呼ばれた。

密教では……

密教では仏法そのものを大日如来ととらえており、密教体系の中心で、最高格をなす存在である。

また、五つの智慧を持つとされる五智如来の長とされ、「宇宙に遍満している法（真実）」を人格化したものとされる。

つまり、宇宙そのものが大日如来に表されていると考えられている。そのためすべての仏は大日如来の化身であり、釈迦もそのひとつとされた。

また、法（真実）である大日如来の真言を唱えれば、病が癒え、安産などさまざまな霊験があるとされる。

大日如来の姿は簡素な衣のみの釈迦如来と異なり、宝冠をかぶり、数多くのアクセサリーを着け、華やかな衣類をまとった菩薩形《ぎょう》をしているのが特徴である。

この姿は『大日経《だいにちきょう》』で描かれた大日如来のイメージに由来するとも、多数の如来のなかでもはじめから悟りを開いていた絶対的な存在のため、きらびやかに装ったともいわれている。

大日如来には胎蔵界《たいぞうかい》と金剛界《こんごうかい》の二種類の像があり、その違いは印で判断できる。前者は悟りの境地を示すという法界定印《ほっかいじょういん》を、後者は智の世界を表す智拳印《ちけんいん》を結んでいる。

徹底図解！　大日如来（金剛界）

宝冠（ほうかん）
大日如来の装身具のひとつ。その他、腕釧（わんせん）や条帛（じょうはく）などを身に着けている
大円相光（だいえんそうこう）
仏像の頭光・身光の外郭が大円により覆われる
智拳印
左の人差し指を右手で握る智拳印は、智をシンボルにしており、金剛界の大日如来を表す。一方、胎蔵界の大日如来は、法界定印を結んでいる
蓮華座（れんげざ）
大日如来が腰かけるのは蓮華の上であり、必ず結跏趺坐（けっかふざ）している

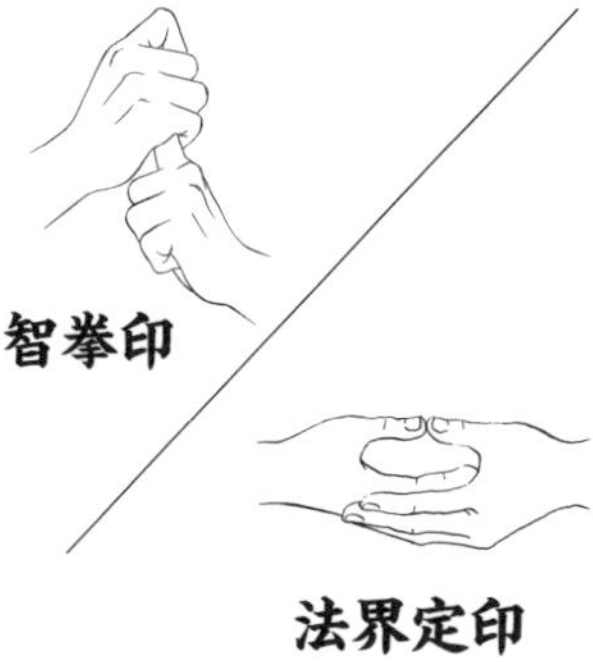

智拳印

法界定印

◆名称

マハーヴァイローチャナ（あまねく照らす）

◆真言

オン・バザラ・ダト・バン（金剛界）／ナウマク・サマンダボダナン・アビラウンケン（胎蔵界）

◆印の意味

智拳印は、煩悩を砕く仏の智慧との一体化を図る印。法界定印は、宇宙の真理、もしくは大日如来の真理との一体化を図る印

薬師如来《やくしにょらい》

真言を唱える者の病を癒やす東方浄瑠璃《じょうるり》世界の教主

◘病気を癒やす東方の仏

仏教では東西南北の四方に仏の国土があり、それぞれを治める仏が一人ずついると考えられていた。東方の浄瑠璃《じょうるり》世界を治めたのが薬師瑠璃光如来、薬師如来である。薬師如来はまだ修行をしていたころ、衆生を救うため一二の願を立てた。その内容は貧困を除き、病気を治し、心身ともに健康にするという現世利益的なものだったため、古くから信仰を集めた。

なかでも万人の共通の願いである病気治癒の霊験が注目され、薬師如来は病人を救う「医王仏《いおうぶつ》」として崇敬されるようになった。

そんな薬師如来の姿は時代とともに変わっていく。

奈良時代までの薬師如来像は右手で施無畏印《せむいいん》を、左手で与願印《よがんいん》を結んでいたが、平安時代以降、左手には薬壺《やっこ》がのせられるようになった。

薬師如来はまた、両脇に日光《にっこう》・月光《がっこう》菩薩像を従えていることが多い。さらに武器を手にしたバサラ、メキラなどの守護神十二神将に守られている。このほか天平《てんぴょう》時代以降、薬師如来の光背に小さな仏を並べて息災や増益《ぞうやく》を祈願する七仏薬師も信仰を集めた。

密教では……

密教では金剛界、胎蔵界どちらの曼荼羅にも薬師如来は登場しないが、真言を唱えれば病気が治り、寿命が延びるなど医学的なご利益があるとされる。

とくに眼病の平癒には効果が高いとされ、平仮名の「め」の字と向かい合わせの「め」を合わせて書いた「向かいめ」の絵馬を書くと良いとされる。

徹底図解！ 薬師如来

七仏薬師
光背に浮かぶ6体の小仏と薬師如来を合わせて考える場合もあるが、小仏だけで7体あるのが一般的

施無畏印（せむいいん）
禍や恐怖を仏の力によって払いのける力を持つ印。釈迦を踏みつぶそうとした象を、釈迦がこの手振りで退けたことに由来する

薬壺（やっこ）
奈良時代までの薬師如来の左手は与願印（よがんいん）を結んでいたが、平安時代以降左手に薬壺を持つようになった

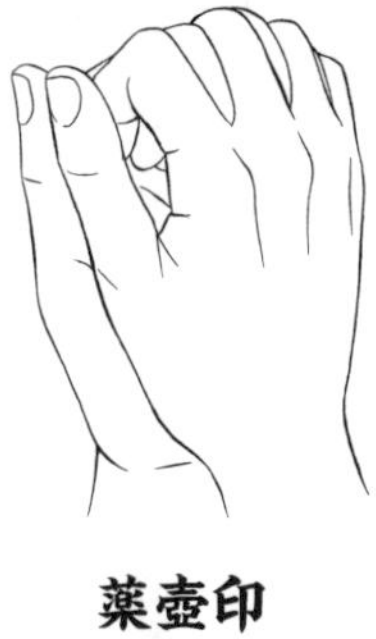

薬壺印

◆名称
バイシャジャグルバイドゥールヤプラバラージャ

◆真言
オン・コロコロ・センダリ・マトウギ・ソワカ

◆印の意味
両手を内縛して両手の親指を立てる印。薬師如来の薬壺を表すともいわれ、病を癒やす功徳がある

釈迦如来《しゃかにょらい》

密教において大日如来が姿を変えて現れたとされる仏教の始祖

仏法を悟り教えを広めた仏

釈迦如来は悟りを開き、仏教をはじめた仏である。

釈迦は紀元前七～前五世紀ころ、インドに生まれた実在の人物である。釈迦族の王子として何不自由なく育ったが、二九歳のとき人生の苦悩に目覚め、王位も妻子も捨てて出家。

断食などの修行を積んだが苦行では悟りを得られないことを知り、尼連禅河《にれんぜんが》のほとりの菩提樹の下で瞑想して、ついに悟りを開く。以後四〇年間、インド各地で教えを説いて広めた。

その死後、仏教を開いた偉大な人物として神格化され、仏としてあがめられるようになる。

釈迦信仰は時代や地域を問わず広まり、紀元一世紀ころにはじめて造られた仏像は釈迦如来像であった。そのため釈迦如来像はあらゆる仏像の基本形となった。

釈迦如来の仏像表現は誕生仏、苦行仏、悟りを開いた成道仏など生涯の名場面を表したいくつかの種類に大別される。

そのポーズは、左手は手のひらを前に向けて指先を下に向けた与《よ》願印《がんいん》、右手は指先を上に向けた施《せ》無畏印《むいいん》が一般的である。

密教では……

密教では釈迦は仏法そのものである大日如来が私たちに教えを説くために、姿を変えて現れた存在であるとみなされている。

ただし空海は、釈迦と大日如来が一体と考える天台宗などに対し、釈迦は応身（化身）であり、如来と別個の存在であるとしている。

また、釈迦如来の印を結び、その真言を唱えれば悟りが開け、神通自在の境地に至るとされている。

徹底図解！ 釈迦如来

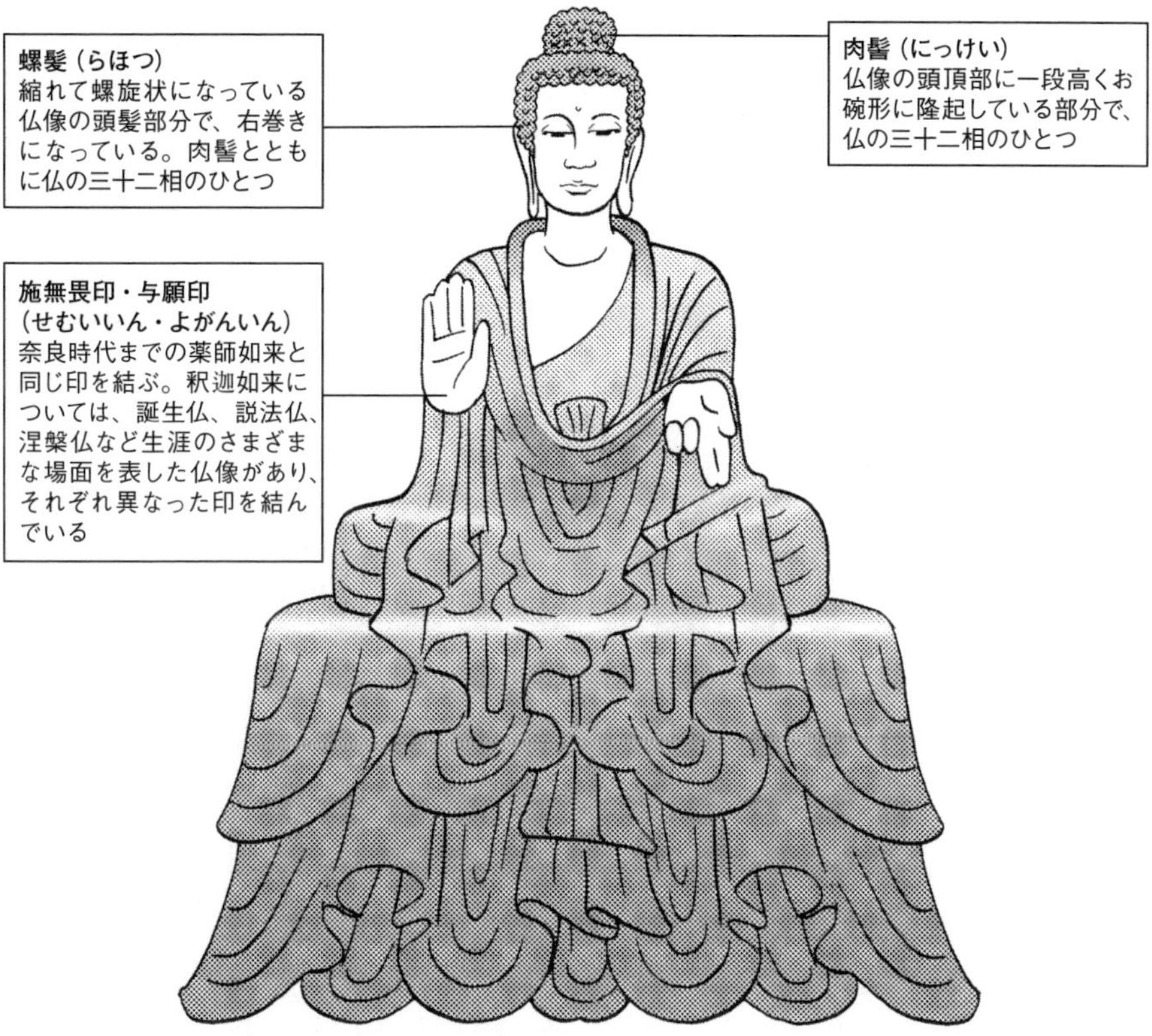

螺髪（らほつ）
縮れて螺旋状になっている仏像の頭髪部分で、右巻きになっている。肉髻とともに仏の三十二相のひとつ
肉髻（にっけい）
仏像の頭頂部に一段高くお碗形に隆起している部分で、仏の三十二相のひとつ
施無畏印・与願印
（せむいいん・よがんいん）
奈良時代までの薬師如来と同じ印を結ぶ。釈迦如来については、誕生仏、説法仏、涅槃仏など生涯のさまざまな場面を表した仏像があり、それぞれ異なった印を結んでいる

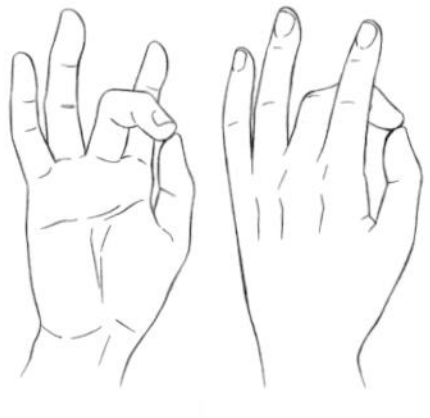

智吉祥印

◆名称

シャーキャ

◆真言

ナウマク・サマンダボダナン・バク

◆印の意味

両手とも親指と中指で輪をつくり、他の指はまっすぐ伸ばす。闇を取り除き、招福を願う

五智如来

大日如来を中心にして配される、五つの智慧を司る仏尊群

（阿弥陀如来）

智慧を分け合う仏たち

五智如来とは、密教で大日如来が持つ五つの智慧をひとつずつ如来にあてはめたもので、それぞれ大日・阿弥陀《あみだ》・阿閦《あしゅく》・宝生《ほうしょう》・不空《ふくう》成就《じょうじゅ》となる。

このうち、密教だけでなく顕教《けんぎょう》でも広く民衆に信仰されたのが西方浄土を治める阿弥陀如来である。法然《ほうねん》、親鸞《しんらん》の浄土教が発展して以降、極楽往生へ導いてくれる仏として浄土教の最重要仏尊となった。

その姿形は時代によって異なり、古くは右手施無畏印、左手与願印または説法印を結ぶ像が造られたが、平安時代に密教がもたらされると、曼荼羅の阿弥陀像に伴い、阿弥陀の定印の像も多く造られた。平安後期には来迎印《らいごう》も見られるようになった。

密教では……

密教では五つの智慧を司る五智如来（大日・阿弥陀・阿閦・宝生・不空成就）が、大日如来を中心にそれぞれ東西南北を治めている。

大日如来は最高の智とされる法《ほっ》界体性智《かいたいしょうち》という智慧の仏である。

西方の阿弥陀如来は、よく観察して説法する妙観察智《みょうかんざっち》という慈悲の仏である。東方の阿閦如来は鏡に映るようにすべてを見通す大円《だいえん》鏡智《きょうち》という智慧を持ち、降魔印《ごうまいん》を結んでいる。

南方の宝生如来はあらゆるものの平等を実現する平等性智《びょうどうしょうち》を表し、満願印を結ぶ。そして北方が、利益を成就させる成所作智《じょうしょさち》を表す不空成就如来で、施無畏印を結んでいる。

これら大日如来の智を分かち合った五智如来は『金剛頂経《こんごうちょうぎょう》』に説かれる仏であるため、金剛界五仏とも呼ばれている。

徹底図解！　五智如来

大日如来
金剛界の中心に位置して、5つの智慧のひとつ、法界体性智（すべてを見通す智慧）を司る

宝生如来
金剛界では大日如来の南に位置して、5つの智慧のひとつ、平等性智（あらゆるものが平等であることを見通す智慧）を司る

不空成就如来
金剛界では大日如来の北に位置して、成所作智（為されるべきことを為す智慧）を司る

阿弥陀如来
人々を極楽浄土に往生させてくれる仏。金剛界では大日如来の西に位置する

阿閦如来
金剛界では大日如来の東に位置して、5つの智慧のひとつ、大円鏡智（すべてを見通す智慧）を司る

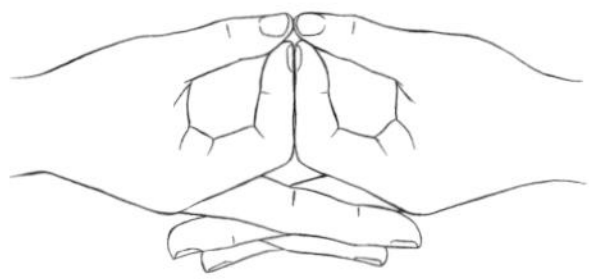

阿弥陀定印
（阿弥陀如来）

◆名称
阿弥陀：アミターユス（無量の寿命を持つ者）、阿閦：アクショービヤ（動かざる者）、宝生：ラトナサンバヴァ（福徳の宝を生じる仏）、不空成就：アモーガシッデイ（何事も漏らさず成功する者）

◆真言
オン・アミリタ・テイゼイ・カラ・ウン（阿弥陀如来）

◆印の意味
如来の慈悲によって、あらゆるものが調和と平穏のうちにあることを表す

普《ふ》賢《げん》菩《ぼ》薩《さつ》

密教の第二祖と同体と見なされている理性の菩薩

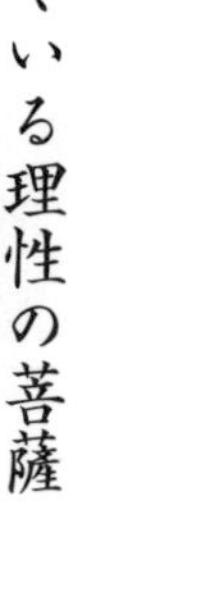

阿弥陀仏の子で慈悲を司る

普賢《ふげん》菩薩は、大乗仏教の菩薩のなかでも仏の理性を示す菩薩で、諸菩薩の上位に位置づけられている。慈悲を司り、女人往生を説いたことから広く信仰を集めた。

阿弥陀仏の第八王子として生まれたとされる普賢菩薩は、兄の第三王子・文殊菩薩とともに釈迦如来に奉仕した。兄の文殊は智慧を、そして弟の普賢は理性を司ったといわれている。

密教では……

菩提心を司る尊格とされ、密教第二祖として崇敬されている金剛《こんごう》薩埵《さった》と同体とされている。胎蔵界曼荼羅、金剛界曼荼羅とともに重要な役割を果たしている。

また、普賢菩薩には増益《ぞうやく》と延命の徳があり、普賢延命の真言である「オンバサラユセイソワカ」を唱えれば、禍を避け、福徳を得て、生命を延ばせるといわれる。

徹底図解！ 普賢菩薩

六牙の白象
象もしくは蓮華座に結跏趺坐する姿で表される

◆**名称**
サマンタバダラ（仏の慈悲の究極）

◆**真言**
オン・サンマヤ・サト・バン

◆**印の意味**
金剛薩埵の心を表すものとされ、修行の成就や除災を願う

普賢印

文殊《もんじゅ》菩薩《ぼさつ》

諸仏の智慧を象徴する普賢菩薩の兄

最澄が童子姿の像を伝える

インドに実在した人物ともいわれる文殊菩薩は、諸仏の智慧を象徴する菩薩とされ、学問成就や入試合格を願う学生が願掛けを行なうことで知られる。釈迦の名代として維摩《ゆいま》居士を訪ねて議論をしたり、竜王の娘を導いて成仏させたりするなど逸話には事欠かない。

当初は脇侍として置かれることが多かった文殊菩薩だが、平安時代に最澄が童子姿の文殊像を中国から伝えて以来、単独で祀られるようになった。

密教では……

胎蔵界曼荼羅の中央に配置され、重要な位置を占めている。仏像表現でも、右手に智慧の剣を取り、左手に教本を持つなど、古くから智慧を象徴する存在とされる。また、「アラバシャナ」という真言を唱えることで、智慧が身につき、弁舌が巧みになるといわれる。

徹底図解！ 文殊菩薩

稚児文殊
文殊菩薩は法王子とも呼ばれ、その智慧と清純さから童子の姿をとって表されることもある
威猛獅子王
陀羅尼集経に「獅子に乗ず」とあることから、6牙の白象に乗る普賢菩薩に対して、威猛獅子王に乗る文殊菩薩像が造られるようになった

◆名称
マンジュシュリー
◆真言
オン・アラハシ・ノウ
◆印の意味
文殊菩薩と一体化することを願う印。罪業を消滅させる力がある

文殊剣印

地蔵菩薩《じぞうぼさつ》

日本独自の信仰へと発展した衆生を救う菩薩

亡くなった子どもの守り神

釈迦入滅後、弥勒《みろく》菩薩が如来となって現れるまで、六道輪廻《ろくどうりんね》のなかで苦しむ衆生を救済し、延命をもたらすとされたのが地蔵菩薩である。

中国では十王の信仰と結びつき、日本に伝わってからも平安時代以降は末法思想の影響を受けて、地獄における救済者として信仰が高まった。

一方、民間信仰においては日本独自の信仰へと発展し、幼くして命を失った子どもを、地獄の入り口の「賽《さい》の河原」で救う守り神として敬われるようになった。

徹底図解！　地蔵菩薩

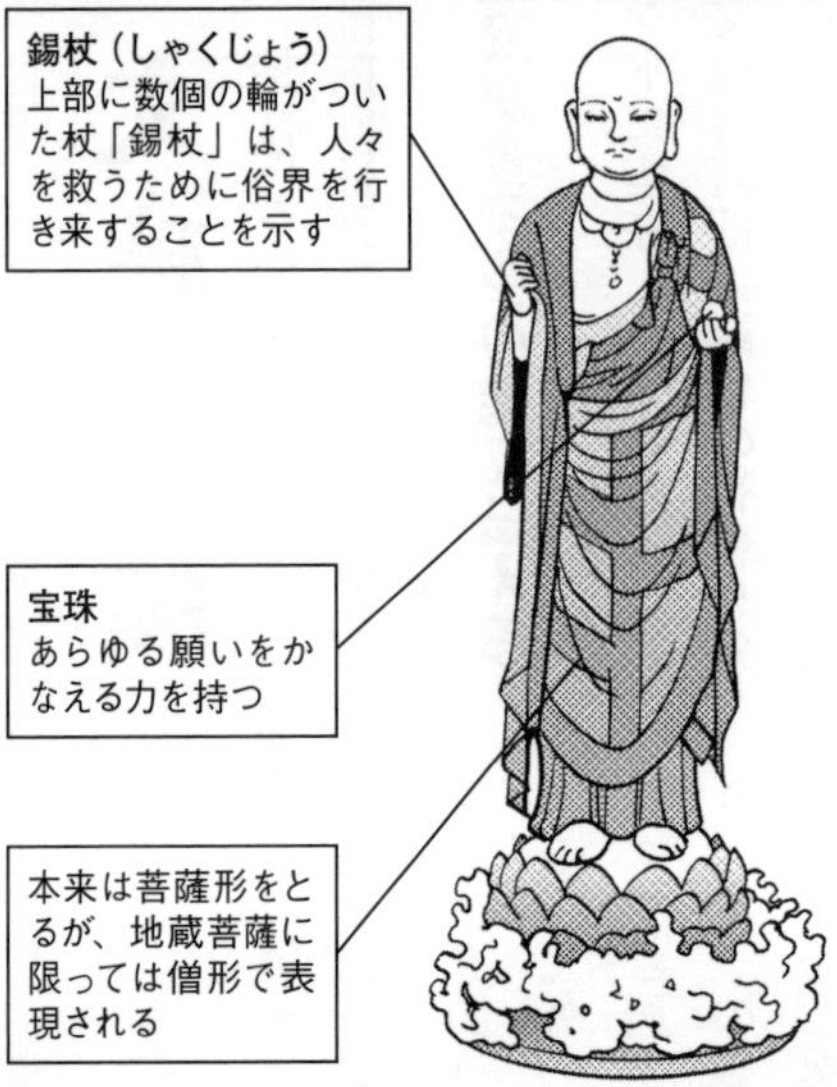

錫杖（しゃくじょう）
上部に数個の輪がついた杖「錫杖」は、人々を救うために俗界を行き来することを示す
宝珠
あらゆる願いをかなえる力を持つ
本来は菩薩形をとるが、地蔵菩薩に限っては僧形で表現される

◆名称
クシティガルバ（大地の母）
◆真言
オン・カカカ・ビサンマエイ・ソワカ
◆印の意味
衆生に対し平等に利益をもたらすことを意味する

地蔵院印

密教では……

曼荼羅にも登場するが、僧形ではなく菩薩形として描かれる。また、真言を唱えた際のご利益も、延命ではなく五穀豊穣や立身出世、悪人調伏《ちょうぶく》などとされており、大乗仏教のものとはかなり異なっている。

観《かん》世《ぜ》音《おん》菩《ぼ》薩《さつ》

さまざまな姿で苦しむ人々を救う慈悲深き菩薩

◘現世利益的な性格を持つ

観世音菩薩は、世界の人々の救いを求める声を聞くと、さまざまに姿を変えて（三三身）衆生を救う慈悲深き菩薩である。人々を災難から救うという現世利益的な性格が強かったことから、広く民衆の信仰を集めた。

密教では多《た》面《めん》多《た》臂《ひ》の変化《へんげ》観音を生み出したが、その基本形は一面二臂像で、左手に蓮華または水瓶を持つ聖《しょう》観音である。

密教では……

姿を変える観世音菩薩の性格を受けて、変化観音を生み出し、そこから六道《ろくどう》で衆生を救う六観音が生まれた。天台密教では聖観音、千手観音、馬頭観音、十一面観音、不空羂索《ふくうけんじゃく》観音、如意輪《にょいりん》観音だが、真言密教では不空羂索を除いて准《じゅん》胝《てい》観音を加えている。真言を唱えれば、どのような災害も防げるとされている。

❀ 徹底図解！　観世音菩薩 ❀

観音菩薩の像はしばしば女性に擬して表現される。仏教では女性は男性に生まれ変わって成仏するものと考えられていたこと、また、インドや中国において土地の女神信仰と融合したことがその理由とされる
蓮華
蓮華を挿した花瓶を持つ像がよく見られる。密教でも曼荼羅に蓮華を持つ姿で描かれている

◆名称
アヴァローキテーシュヴァラ
（衆生を観察して自在に救う）

◆真言
オン・アロリキヤ・ソワカ

◆印の意味
慈悲の救済、悟りへの導きなど、世俗及び宗教的成就を願う

蓮華部心印

千《せん》手《じゅ》観《かん》音《のん》菩《ぼ》薩《さつ》

一〇〇〇の手、一〇〇〇の目で、悩める衆生を救い上げる変化観音

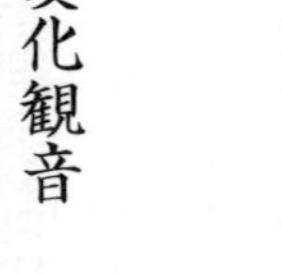

◘四〇本の手で一〇〇〇人分の働き

千手観音菩薩は古くから登場した変化観音のひとつで、観音の慈悲の働きを示した仏さまだ。

ヒンドゥー教の影響を受けた仏で、原語の「サハスラブジャ」は一〇〇〇の腕を持つ者という意味を持っている。

その名の通り、一〇〇〇の目であらゆる人々の苦悩を見逃さず、一〇〇〇の手で人々を救い上げるとみなされた。

見た目もさることながら、千手観音は、そのご利益も無限大だ。なかでも虫の毒消しや夫婦円満などのほか、安産や病気を癒やしてくれる観音として信仰された。

このように功徳が現世利益的であったため、中国では早くから信仰を集め、観音のなかでも最高の徳を持つ仏とされたのである。

仏像表現では実際に一〇〇〇の手を持つ姿をした千手観音もあるが、ほとんどは、合計四二本の手に省略して作られている例が多い。

これは一本の手が二五の衆生を救うと考え、四〇本に二五をかけて一〇〇〇の衆生を救うことを表したものである（中央の合掌している手は除いて考える）。

また、中央の両手は合掌しているが、ほかの四〇手は、人々を救済するため日・月・剣・弓など、およそ仏像が持つあらゆる道具を持っているのが特徴である。

密教では……

密教では、胎蔵界曼荼羅において、西方に配されている。

真言の〝バザラ・ダルマ〟は、金剛界曼荼羅に描かれている金剛法菩薩のことだが、なぜ千手観音の真言に用いられているのか謎である。

徹底図解！　千手観音菩薩

十一面観音と同じように、頭上に11面の化仏を頂いている場合が多い
千手観音の手は42臂で表されることが多く、この42本の手がそれぞれ法具を持つ。合掌する中央の2臂を除く40臂が、それぞれ1本につき25の衆生を救うと考えて、40に25をかけて1000となる
蓮華座
千手観音が結跏趺坐するのは開いた蓮華の上で、人々の仏性が開いたことを暗示している

千手根本印

◆名称
サハスラブジャ（1000本の腕を持つ者）

◆真言
オン・バザラ・ダルマ・キリク

◆印の意味
五峯八柱宝楼閣印（ごぶはっちゅうほうろうかくいん）とも呼ばれ、千手観音の住まう宮殿の屋根をイメージしたものである。禍を取り除き悟りをもたらす力を持つ

虚《こ》空《くう》蔵《ぞう》菩《ぼ》薩《さつ》

優れた記憶力を授けてくれる胎蔵界曼陀羅の主尊

空海の目を密教に向けさせる

虚空蔵菩薩は、あらゆる願いをかなえる如意宝珠《にょいほうじゅ》を持つとされる。果てのない大空のように、無量の福徳、智慧をそなえて、人々の願いを成就させる。

現在も、京都の法輪寺において、虚空蔵菩薩に智慧を授けてもらうことを願う「十三参り」が行なわれている。

密教では……

密教における虚空蔵菩薩は、空海の目を密教に向けさせるきっかけを作り、また比叡山の僧を学問に目覚めさせたことで知られる。空海と関係が深いこともあって、胎蔵界曼荼羅においては主尊とされる。金剛界曼荼羅でも十六大菩薩の一人とされるなど重要な役割を果たしている。

また、「虚空蔵求聞持法」という、記憶力を増大させる修法が密教に伝わっている。

徹底図解！　虚空蔵菩薩

上にのっているのは、どんな願いもかなえる如意宝珠。手に持っている場合もある

◆名称
アーカシャガルバ（大空の母）

◆真言
オン・バサラ・アラタンノウ・オン・タラク・ソワカ

◆印の意味
虚空蔵宝珠印とも呼ばれ虚空蔵菩薩 が持つ如意宝珠の形を表す。あらゆる福徳の効験がある

三昧耶印

弥勒菩薩《みろくぼさつ》

釈迦入滅後五六億七〇〇〇万年後に現れ、衆生を救う菩薩

兜率天《とそつてん》で神々に教えを説く

弥勒菩薩は、釈迦の教えを受けた際に、将来優れた如来になることを予言された。それから一二年後に神々の住む兜率天《とそつてん》という世界に昇った。釈迦入滅後五六億七〇〇〇万年後に我々の世界に降りる下生《げしょう》の日まで、現在もそこで神々に教えを説きながら、時機を待っているとされる。

仏像としては、椅子に腰掛けて考え事をしている半跏思惟像《はんかしいぞう》が知られている。これは、下生した際に、どうやって衆生を救うかを考えている姿だとされる。

密教では……

胎蔵界曼荼羅では中台八葉院《ちゅうだいはちよういん》のひとつに配置され、金剛界曼荼羅でも十六大菩薩の一人とされるなど重要な位置に配されている。

印を結べば煩悩にまみれた人でも、ただちに悟りの世界に至るとされる。

徹底図解！ 弥勒菩薩

思惟手
(しいしゅ)
衆生をどのようにして救おうか考えていることを示す手

◆名称
マイトレーヤ（慈悲から生まれた者）

◆真言
オン・マイタレイヤ・ソワカ

◆印の意味
煩悩にまみれた凡夫であっても、大いなる慈悲の働きに出会える

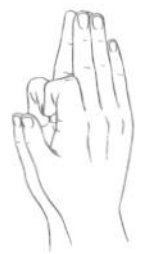
弥勒菩薩印

不動明王

さまざまな霊験を持ち、五大明王の筆頭に立つ大日如来の化身

◘空海がもたらした明王

梵語では動かない守護者という意味の「アチャラナータ」で、不動と訳された。

明王という語は、仏教に敵対する人々を罰し、従わせる働きを意味する。そのため明王は怒りの表情をしているが、悪を罰するだけでなく、修行者を加護し、修行を完遂させる慈悲の存在でもある。

不動明王は中国留学から帰国した空海とともに日本にもたらされた。その後、密教が広まるとともに明王も崇敬され、鎌倉時代に起こった元寇の際、幕府や朝廷が外敵退散を不動明王に祈願したことから国を守る仏として関東を中心に信仰が広まった。

成田山新勝寺の成田不動や目青、目赤、目白、目黒、目黄不動の江戸五不動がよく知られている。

密教では……

明王は明呪《みょうじゅ》（真言）を司る仏である。

密教では、明王は煩悩まみれの人を屈服させてでも救済するため、如来が恐ろしい姿に変化したものとされる。この変化を教令輪身《きょうりょうりんじん》といい、五智如来が変化した明王を五大明王という。なかでも筆頭に挙げられるのが、大日如来が変化した不動明王である。

不動明王は一様に怒った表情をしている。一〇世紀以降は、左目は下を、右目は上を見上げて天地を見張る姿が定着した。

その霊験は真言を唱えれば迷いや苦悩が晴れるという強力なもので、護摩法では本尊として用いられる。その修法が病魔退散や家内安全など身近な願いを反映したことも不動が親しまれた理由である。

徹底図解！　不動明王

迦楼羅焔（かるらえん）
光背には必ず迦楼羅焔が表現される。これは三毒を食べる伝説の鳥「迦楼羅」に由来している
羂索（けんじゃく）
先端におもりがつけてあり、断ち切った煩悩を縛りつけておく
形相・辮髪（ぎょうそう・べんぱつ）
憤怒の形相は明王像の特徴。優しい姿では正しい教えに導くことのできない衆生を教化する。左にたらされた辮髪は、衆生界を表しており、衆生への愛を示す
剣
煩悩や邪悪な貪りを断つ剣。竜がまとわりついているものもある

不動根本印

◆名称

アチャラナータ（動かない守護者）

◆真言

ナウマク・サマンダ・バザラダン・カン

◆印の意味

不動明王そのものを表す。不動明王を念じる印契は14種あり、根本印はそのひとつで、一切の願いの成就を図る

降三世明王《ごうざんぜみょうおう》

シヴァ神を調伏し、呪殺の効験を有する明王

妃の烏摩《うま》も踏みつける

内外の諸魔を降伏《ごうぶく》するとされる五大明王の一人である降三世《ごうざんぜ》明王は、仏法に従わない外教の最高神である大自在天（シヴァ神）を調伏した逸話で知られる。その際、大自在天だけでなく妃の烏摩《うま》も踏みつけたといわれることから、図像ではこの二人を踏みつけた姿で表されることが多い。

降三世という名称は、「貪《とん》・瞋《じん》・痴《ち》」という三毒を「過去・現在・未来」の三世にわたって降伏するという意味である。

密教では……

降三世明王は、金剛薩埵が普賢菩薩の教令輪身《きょうりょうりんじん》として変化した存在とされる。

また、修法としては、悪人を抹殺する法と、不倫をしている男女に不倫を白状させるという法が伝えられている。どちらも人形と呪文を使うユニークな呪術である。

徹底図解！　降三世明王

大自在天・烏摩（だいじざいてん・うま）
教えに従わない大自在天（シヴァ神）を懲らしめるべく、妃である烏摩を踏みつけたという逸話から

◆名称
トライローキャビジャヤ（3つの世界の創造者）

◆真言
オン・ソンバ・ニソンバ・ウン・バザラ・ウンパッタ

◆印の意味
貪(欲望)・瞋(怒り)・痴(愚かさ)を滅して悟りの境地に至る

降三世明王印

軍荼利明王《ぐんだりみょうおう》

髑髏《どくろ》と蛇によって装飾される虚空蔵菩薩の化身

外敵から人間を守護する

軍荼利《ぐんだり》明王は、外敵から人間を守護し、さまざまな障害を取り除いてくれるとされる。梵名の「グンダリー」は、「甘露を入れる壺」「髑髏《どくろ》を巻くもの」という二つの意味がある。そのため、仏像においては、壺や髑髏が装飾品に用いられている。また、蛇を用いるのも大きな特徴となっている。

仏像の形は、一般には一面八臂《はっぴ》として表される。第一手は左右両手を拳印にして、胸の前で交差させる大瞋印《だいしんいん》を結び、足元には白蓮《びゃくれん》華《げ》がある。

密教では……

虚空蔵菩薩の変化身とされ、邪鬼を降伏し、衆生に功徳をあたえるとされる。五大明王の一人として南方に配される。

真言を唱えることで、気力が充実し、美しい顔になる加持法がある。

徹底図解！ 軍荼利明王

「髑髏を巻く者」という名の通り、装飾品に髑髏が用いられている。また、装飾品として蛇が用いられることも多い。蛇は執念を表す

◆名称
グンダリー（髑髏を巻く者）
◆真言
オン・アミリティ・ウン・パッタ
◆印の意味
除災、息災、治病、延命などを祈る

大瞋印

大威徳明王《だいいとくみょうおう》

水牛にまたがり、諸悪を調伏《ちょうぶく》する明王は六本足！

聖者の怨霊を滅ぼす

水牛に坐して六本の足を持つことから、「六足尊《ろくそくそん》」とも呼ばれる大威徳《だいいとく》明王は、チベットでは文殊菩薩の化身と考えられている。

それには、次のような逸話がある。洞窟で一人の聖者が悟りを得ようとしたときに、盗賊が押し入り、水牛を盗み聖者の首をはねてしまう。その聖者の怨念がすさまじかったため、それに苦しんだ人々の哀願により、文殊菩薩の化身が登場して、怨霊を滅ぼしたというのである。

密教では……

阿弥陀如来の変化身とも、文殊菩薩の変化身ともいわれる。いっさいの諸悪を調伏《ちょうぶく》する明王で、金色の光を放つという。主に戦勝祈願や怨敵《おんてき》調伏の本尊とされ、仏像の多くは両手を内縛して中指を立て合わせる檀陀印《だんだいん》を結んでいる。

徹底図解！　大威徳明王

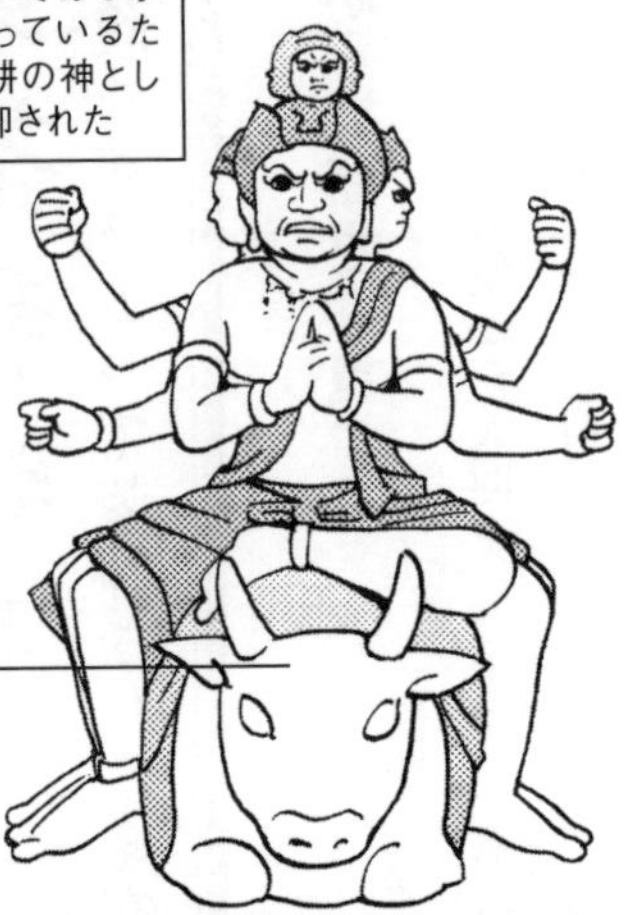

水牛
神の使いである水牛に乗っているため、農耕の神としても信仰された

◆**名称**
ヤマーンタカ（死の神ヤマを倒す者）

◆**真言**
オン・シュッチリ・キャラロハ・ウン・ケン・ソワカ

◆**印の意味**
内縛して両方の中指を立て合わせる印で、戦勝、諸悪調伏を願う

檀陀印《だんだいん》

愛染明王《あいぜんみょうおう》

愛欲の煩悩を悟りへと昇華させる赤肌の明王

◘男女の悩みを救う愛欲の王

愛染《あいぜん》明王は、サンスクリット語で「ラーガ・ラージャ」と表される。ラーガは愛欲、ラージャは王という意味だ。その名の通り、愛欲を悟りの心に高めて、男女間の悩みを救ってくれるとされる。

仏像は、赤い日輪を光背にして、赤い蓮華の上に坐し、体も赤い色をしている。頭部に獅子冠をかぶった六臂の像で表されることが多いが、異形も多く、天空へ向けて矢を放つ姿をした像もある。

密教では……

金剛薩埵または大日如来の化身とされる。密教では、愛欲のように強い煩悩も大日如来から生じるという考えから、煩悩も悟りと同じだとされている。これを「煩悩《ぼんのう》即菩提《そくぼだい》」という。愛染明王はこれを実現する本尊といわれる。

また、息災や来福を祈願する「愛染法」という修法が存在する。

徹底図解！ 愛染明王

左右第1手は、金剛薩埵の化身であることを示す五鈷杵と五鈷鈴を持っている

◆**名称**
ラーガ・ラージャ（愛欲の王）
◆**真言**
オン・マカラギャ・バゾロウシュニシャ・バザラサトバ・ジャク・ウン・バク
◆**印の意味**
愛の獲得、恋愛成就、和合などを願う

愛染明王根本印

孔雀明王《くじゃくみょうおう》

息災延命と雨をもたらす菩薩姿をした明王

○孔雀《くじゃく》を神格化した明王

孔雀明王は、孔雀を神格化した明王である。古来、インドでは、孔雀は毒を食べ、恵みの雨を運ぶ吉鳥とされてきた。

孔雀明王は、梵名のマハーマユーリーが女性形であるため、女尊とされる。図像表現も、明王にもかかわらず菩薩形で表され、孔雀の上に坐して柔和な表情を浮かべている。白い絹の衣をまとい、宝冠をかぶってさまざまな装飾品を身に着けている。

徹底図解！　孔雀明王

孔雀明王は、一般に女尊とされ、ほかの明王とは異なり柔和な表情を浮かべている

◆名称
マハーマユーリー（偉大な孔雀）
◆真言
オン・マユラ・キランディ・ソワカ
◆印の意味
孔雀の姿を表す。除災、三毒滅尽などの効果がある

孔雀明王印

密教では……

修験道の開祖である役小角《えんのおづぬ》は、孔雀明王の印呪をもって修行したところ、水上を歩行し、空中を飛行することが可能になるなど、人智を超えた力を獲得したという。

孔雀明王を本尊とする孔雀経法は、息災延命をもたらし、雨乞いの祈りにも霊験あらたかとされる。

大元帥明王《だいげんすいみょうおう》

国家を守る明王は、その昔、人を食べる鬼だった

◘人を食らう餓鬼が改心

大元帥《だいげんすい》明王は、梵名をアータヴァカといい、かつては人を食らう餓鬼だったが、仏の教化によって改心し、仏法を守護し国土を守る明王となった。

その像は、一面六臂、六面八臂、一八面三六臂などがあるが、餓鬼の出身だけあっていずれも恐ろしい姿をしている。体の色は青黒く、髑髏や蛇の装飾が施されている。これを最初に目にした空海のある弟子は、あまりの恐ろしさに気を失ったと伝えられている。

密教では……

大元帥明王を本尊とする修法は、かつては宮中でのみ許されていた。鎮護国家や国家守護に力を発揮するとされ、毎年正月に宮中で修せられたほか、国家的な危機の際にもしばしば行なわれた。平将門の乱や元寇にも大きな効験を発揮したと伝えられている。

❀ 徹底図解！　大元帥明王 ❀

1面6臂の姿で描かれることが多く、それぞれの手には三鈷、五鈷、剣、棒、斧などの武器をとることが多い

◆名称
アータヴァカ（荒野の鬼神）
◆真言ノウボウ・タリツ・ボリツ・ハラボリツ・シャキンメイ・シャキンメイ・タラサンダン・オエンビ・ソワカ
◆印の意味
大元帥明王の根本印は、内縛して中指のみを立て合わせる。怨敵降伏などの効果がある

大元帥明王印

帝釈天《たいしゃくてん》

釈迦を修行時代から守り続けた、武を誇る護法神

インド神話の最高神

帝釈天のルーツは、インドの武神インドラである。インド神話では最高神とみなされ、毒竜と戦う武神であると同時に雨水をもたらす豊穣神として崇敬された。

しかし時代が下ると、シヴァ神に最高神の地位を譲り渡し、人間に近い存在とみなされた。

その帝釈天が仏教に取り入れられると仏法の守護神となった。仏教世界の中心の須弥山《しゅみせん》の頂上に鎮座し、地上の不正や悪事を監視するとともに、釈迦の修行を助け、釈迦が法を広める際も手を貸すなど、仏教の擁護者でもあった。

インドの魔神だった阿修羅《あしゅら》と戦って勝ち、阿修羅を仏教に帰依させた逸話も有名である。着衣の下に甲を着けた例が見られるのは、インドラの武神的性格の名残だろう。

仏像においては、密教の影響を受ける前は二臂の立像が造られた。

密教では……

密教では守護神十二天のひとつで東方を守る神とされる。金剛界曼荼羅では二十天のひとつで東方に配され、胎蔵曼荼羅では東方と北方の両方に配される。

仏像にはインドラの影響が色濃く見られる。二臂一面で、東方の帝釈天は右手に戟《げき》を持ち、北方の帝釈天は独鈷杵《とっこしょ》を持つ勇ましい姿で表現される。

インドラが象に乗っていたように、京都の教王護国寺の帝釈天は白象の上に左足を踏みおろして坐っている。

帝釈天の真言を唱えれば、一切の神々が、遭難にあわず金銭に困らないように助けてくれるといわれている。

徹底図解！　帝釈天

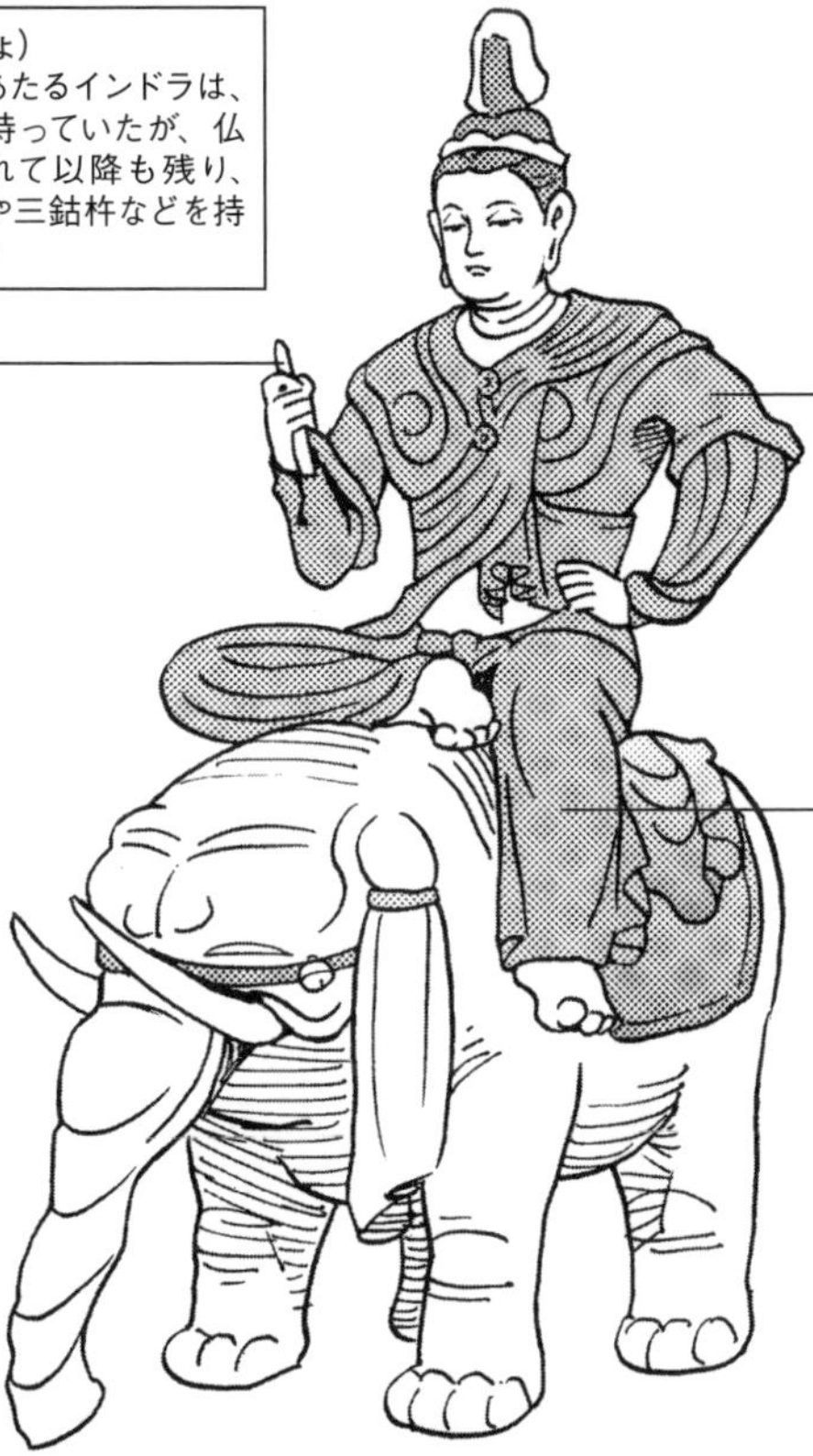
独鈷杵（とっこしょ）
帝釈天の前身にあたるインドラは、右手に金剛杵を持っていたが、仏教に受け入れられて以降も残り、仏像では独鈷杵や三鈷杵などを持つケースが目立つ
甲冑
立像の場合、梵天と区別がつきにくい帝釈天であるが、仏像によっては甲冑をまとっているものもある
密教の影響により、帝釈天は白象の背に乗り「半跏踏み下げ」と呼ばれる足の組み方をしているものが多い

帝釈天印

◆名称

インドラ（水蒸気を含んだ青空）

◆真言

ナウマク・サマンダボダナン・インダラヤ・ソワカ

◆印の意味

左手の薬指と小指を折り曲げ、中指は伸ばして人差し指の指頭を中指の背につける。この印により戦勝へと導き、また、禍からの守護といった効験が得られる

梵《ぼん》天《てん》

天部諸尊の最高位に置かれるインドの創造神

◆**名称** ブラフマン（バラモン教の神・ブラフマー）
◆**真言** オン・サマンダボダナン・ハラジャハタエイ・ソワカ
◆**印** 梵天印：創造、離欲などをもたらす

梵天はインドの宇宙の創造神ブラフマーを神格化した存在。仏教では釈迦に説法を広めるよう勧め、仏法の守護神となった。

密教では……

十二天のひとつ。金剛界曼荼羅では二十天のひとつで、東方に位置する。仏像は一面二臂から密教後は四面四臂となった。

毘《び》沙《しゃ》門《もん》天《てん》

軍神として崇拝されながら、のちに七福神に加えられる

◆**名称** ヴァイシュラヴァナ（仏の教えをよく聞く）
◆**真言** オン・ベイシラ・マンダヤ・ソワカ
◆**印** 毘沙門天印：北方の除災と招福をかなえる

梵名をヴァイシュラヴァナ。古代インドでは悪霊だったが、のちに福徳の神となり、仏教では善神となった。四天王の一人で多聞天とも呼ばれた。

密教では……

十二天のひとつで北方の守護神。当初は軍神として崇敬され、のち福徳神として七福神に加えられた。

摩《ま》利《り》支《し》天《てん》

真言を唱える者を幻と化して護る幻影の神

◆**名称** マリーチ（日月の光）
◆**真言** オン・マリシエイ・ソワカ
◆**印** 身印（摩利支天根本印）：心臓・額・両肩・頭を加持することで、あらゆる障害から守る

梵名のマリーチは陽炎《かげろう》を意味する。仏教では他人に知られずに衆生を護る神となった。論争勝利の神として信仰され、中世では武士、近世では力士の必勝の神となった。

密教では……

真言を唱えれば、自身の気配を消し、あらゆる災難から身を護ることができるという。

歓《かん》喜《ぎ》天《てん》

象頭人身の万能天は、インドの神ガネーシャが前身

◆名称　ナンディケシュヴァラ（歓喜自在）
◆真言　オン・キリク・ギャク・ウン・ソワカ
◆印　聖天印：双身の聖天の姿を表し、あらゆる願望の達成、和合などが成就する

ルーツはシヴァ神の子で邪悪なガネーシャ。仏教に取り込まれてからは仏法を守護する神となった。

密教では……

この神に祈ればすべての望みがかなうとされ、修法の際にも祀られた。象頭人身の男女が抱き合う像は秘仏。曼荼羅では右手に戟《げき》を、左手に大根を持つ。

吉《きち》祥《じょう》天《てん》

衆生に無量の福徳をもたらす天女姿の神

◆名称　シュリーマハーデーヴィー（おおいなる幸運）
◆真言　オン・マカシュリヤエイ・ソワカ
◆印　吉祥天女身印：吉祥天が持つ八葉の紅蓮華に乗った如意宝珠の形を表し、多くの願望がかなう

ルーツはインド神話ビシュヌ神の妃ラクシュミー。仏教では毘沙門天の妃、福徳の女神として信仰された。

密教では……

胎蔵界曼荼羅には功徳天として登場。観自在菩薩の右前方に、天女の姿で左手に盛り花を持つ。不吉を除く功徳がある。

荼《だ》枳《き》尼《に》天《てん》

日本では稲荷神となった夜叉出身の天部

◆名称　ダーキニー（女夜叉の名）
◆真言　オン・ダキニ・ギャチ・ギャカニエイ・ソワカ
◆印　荼枳尼天印：念じることで、立身出世や富の獲得などの願望がかなえられる

シヴァ神の眷属《けんぞく》。もとは人肉を食べる夜叉。仏教に帰依してからは人の死を六か月前に知るようになる。日本では稲荷信仰と結びつき、天女姿で知られる。

密教では……

胎蔵界曼荼羅では夜叉姿。荼枳尼天に祈りが通じると、いかなる願いもかなうとされた。

コラム

さまざまな顔を持つ空海⑤

占星術師

除災招福を祈念する「星供」

1 年の運勢は年々巡ってくる当年星に左右される。良くない星に当たる人は禍を免れるように、良い星に当たる人は一層良くなるように祈念する祭祀が真言宗にはあり、それを星供（ほしく）という

星	
木曜星（大吉、楽運）	此星に当たる人は春に逢いて木の芽を出すが如く何事を始めてもよし。但し油断すべからず
月曜星（大吉、進運）	此星は大吉にして信仰の人は滝の水を得るが如く幸運なり。悦三重の年但妄進は慎むべし
計都星（大凶、病運）	此星は悪星にして大凶なり。わけて春三月で注意を要す。万事慎むべし。秋冬に至りて少し吉
火曜星（大凶、不運）	此星は大凶なり。火難盗難商業農業に失財多し。万事慎みて年かわるを待つべし
日曜星（大吉、幸運）	此星は大吉なり。財宝を得て何事も利あり。順風に帆を上げ舟の走るが如し。おごる心あらば凶
金曜星（半吉、暗運）	此星は半吉なり。信仰の人は万事成功しやすく売買耕作に利あり。北に向うてなす事は大吉
水曜星（末吉、大運）	此星は末吉なり。貴人最上の人に引立てられ幸い多し。但し春夏はひかえめに。秋冬は万事よし
土曜星（半吉、陽運）	此星は半吉なり。夏秋の間に病気に罹り易く願い事見合すべし。家造等悪しき事慎むべし
羅喉星（大凶、陰運）	此星は大悪なり。又本命中宮に入り八方ふさがりにて万事凶災難失財多き年なり

高尾山蓮王寺 HP を参考に作成

◇密教の修法を支えた技術

密教は占星術や天文学と深い関わりを持っていた。というのも、密教の修法を行なうときに星回りを重視していたため、天文知識や占星術が不可欠であったからである。そのため密教僧は天文学や占星術に精通していなければならない。その第一人者が空海である。

空海は長安で恵果《けいか》から密教を学んでいるが、そのなかには占星術の経典『宿曜《すくよう》経《きょう》』も含まれていた。

『宿曜経』はインドの占星術を基本に、中国式の考えを取り入れている。生まれた日時の星の位置によりホロスコープのようなものを作り、その人の運勢や吉凶を占う方法を示している。

星供当年星早見表

木曜星（大吉、楽運）	月曜星（大吉、進運）	計都星（大凶、病運）	火曜星（大凶、不運）	日曜星（大吉、幸運）	金曜星（半吉、暗運）	水曜星（末吉、大運）	土曜星（半吉、陽運）	羅喉星（大凶、陰運）
生まれ年	生まれ年	生まれ年	生まれ年	生まれ年	生まれ年	生まれ年	生まれ年	生まれ年
大 11	大 12	大 13	大 14	大15・昭元	昭 2	昭 3	昭 4	昭 5
昭 6	昭 7	昭 8	昭 9	昭 10	昭 11	昭 12	昭 13	昭 14
昭 15	昭 16	昭 17	昭 18	昭 19	昭 20	昭 21	昭 22	昭 23
昭 24	昭 25	昭 26	昭 27	昭 28	昭 29	昭 30	昭 31	昭 32
昭 33	昭 34	昭 35	昭 36	昭 37	昭 38	昭 39	昭 40	昭 41
昭 42	昭 43	昭 44	昭 45	昭 46	昭 47	昭 48	昭 49	昭 50
昭 51	昭 52	昭 53	昭 54	昭 55	昭 56	昭 57	昭 58	昭 59
昭 60	昭 61	昭 62	昭 63	昭64・平元	平 2	平 3	平 4	平 5
平 6	平 7	平 8	平 9	平 10	平 11	平 12	平 13	平 14
平 15	平 16	平 17	平 18	平 19	平 20	平 21	平 22	平 23

※上の表は平成23年の当年星早見表。次年以降の該当箇所は、平成23年の該当箇所から1つずつ左にずれる

【表の見方例】昭和46年生まれの人は平成23年は日曜星、平成24年は火曜星、平成25年は計都星となる

1月からその年の節分までのあいだに生まれた人は、自分のひとつ前の生まれ年が該当年に当たるので注意

インドと中国の天文知識と占星術を学んだ空海は帰国後、その知識を駆使して、星神祭祀の秘法を編み出している。

なかでも平安後期に流行したのが星回りによってその人の過去・現在・未来の三世を見通し、悪因を祓って運命を転換させる「三九秘要法《さんくひようほう》」と呼ばれる修法だ。

平安時代には星神祭祀や星にまつわる修法が広まり、密教に躍進をもたらした。しかしその後、星神祭祀はすたれ、現在では星供《ほしく》（図参照）のなかにその片鱗を残しているくらいである。

密教といえば神秘的な修法に目がいきがちである。しかしその背景には空海がもたらした天文学、占星術という確かな知識があったのである。

コラム

鉱山技師

さまざまな顔を持つ空海⑥

空海が鉱山技術を身につけていた6つの根拠

空海は
鉱山技師？
根拠1
高野山
高野山の主体部である空海の七里結界の霊域がすべて水銀鉱床
根拠2
四国
空海ゆかりの聖地、四国八十八ヶ所の近くに銅山が散在
根拠3
佐伯氏
生家の佐伯氏はかつて砂鉄や水銀の採鉱を司っていた
根拠4
阿刀氏
母方の阿刀氏は産鉄に関わっていた
根拠5
修験者
空海が交流していたと思われる山の修験者は優れた鉱山技師
根拠6
修行場所
空海の修行地、阿波の大滝嶽、土佐の室戸岬、伊予の石鎚山、大和の吉野山は鉱物資源の産地

記録には残っていないが、空海の山林修行と鉱脈には密接な関係があったと考えられる

◇水銀鉱脈と空海の奇妙な符合

記録には残されていないが、空海はじつは優れた鉱山技師だったのではないかという説がある。その根拠は、高野山をはじめとする空海伝承のある多くの土地に、水銀鉱脈が存在するからだ。

水銀は辰砂《しんしゃ》（丹）を原料として精製される金属の一種で、鉱石に含まれる。

水銀は『古事記』などにもその記述が見られるが、古代から顔料や防腐剤として貴重な鉱物とみなされ、じつは密教僧が錬金術や錬丹術を行なうさいにも水銀は必要とされた。

空海が唐で学んだ密教には原初科学的な性格も含まれていたが、空海はそこで密教に必要な水銀鉱脈の最新の発見法も

四国霊場と銅山位置の謎の一致

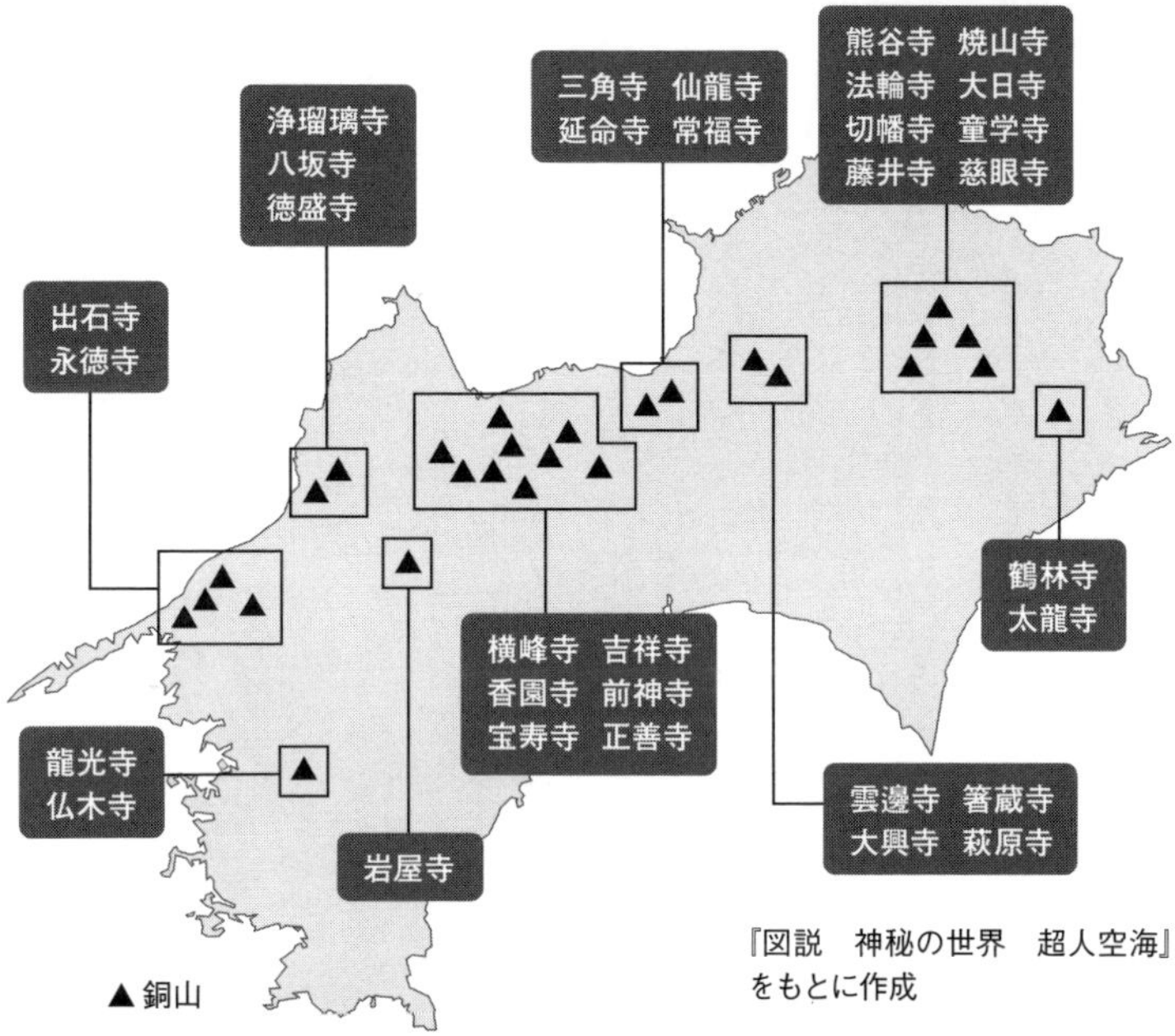

熊谷寺 焼山寺
法輪寺 大日寺
切幡寺 童学寺
藤井寺 慈眼寺
三角寺 仙龍寺
延命寺 常福寺
浄瑠璃寺
八坂寺
徳盛寺
出石寺
永徳寺
鶴林寺
太龍寺
横峰寺 吉祥寺
香園寺 前神寺
宝寿寺 正善寺
龍光寺
仏木寺
雲邊寺 箸蔵寺
大興寺 萩原寺
岩屋寺
『図説　神秘の世界　超人空海』
をもとに作成
▲銅山

空海ゆかりの寺院である四国霊場八十八ヶ所と別格二十ヶ所霊場の多くが、不思議と銅山に隣接した場所に建てられている

学んだのではないかと推測されている。

また、空海は入唐《にっとう》以前から鉱山との深い関わりがあったという説もある。空海の生家の佐伯氏《さえきし》や母方の生家は、砂鉄や水銀の採鉱を司っていたという。とすると、空海は少年時代から鉱山採掘を生業《なりわい》とする山の民と親しんでいたことになる。

また、大学を退学して山岳修行をしていたころ、鉱脈の発見と精錬に優れた鉱山技師との接触も多かっただろう。

また鉱物採掘は古くから渡来人が担っていたともいわれ、空海が入唐するまでに中国語をマスターしていたのも、彼らとの会話によって身につけたと考えられるのである。

終章 空海が残した言葉

空海とは誰か——？

この一冊を通して、空海の生涯、その教え、密教の基本について紹介してきたが、序章のこの問いに、答えを見つけられただろうか。

人それぞれその答えは違うだろう。

しかし空海について、さらには密教について、これまで以上に理解は深まったにちがいない。

最後に、空海が残した膨大な数の書物のなかから、空海の言葉として、ほんの一部ではあるが、原文とその解釈文を紹介しておく。

今にも生きる言葉であることを実感できる。

言葉

わたしたちのなかには、悪い心と善い心とがあります。せっかく生きるのならば、悪い心で迷い流されて生きるのではなく、善い心が広がるように生きなければなりません。

『秘密三昧耶仏戒儀』

原文

妄心流転《もうしんるてん》するをすなわち衆生染汙《しゅじょうぜんま》の身と名づけ　開発《かいほつ》照悟《しょうご》するとすなわち諸仏の清浄法身《しょうじょうほっしん》と名づく

かつて中国の思想家荀子《じゅんし》は、孟子《もうし》の性善説に反対して性悪説を唱えました。たしかに現実世界では、争い、憎しみ、嫉妬、欺瞞《ぎまん》といった人間の醜い面が目につきます。

しかし空海は、すべての人間はもともと心のなかに仏を持っているといいます。自分のなかにある善い心を見つめて、それを広げるような生き方を心がけたいものです。

言葉

網の一つ一つの結び目は、ほかのすべての結び目につながっています。この宇宙に生きている一つ一つの生命のすべてが、ほかの生命につながり、仏の命とつながっているのです。

『即身成仏義』

原文

重重帝網《じゅうじゅうたいもう》なるを即身と名づく

「即身の身」とは、衆生身と仏身のことです。空海は、人間は網の目のように保持し合いながら他者に生かされていると考えます。あなたの命はほかのすべての命につながり、ほかのすべてに尊ばれ、大切にされているのです。

しかし近年、家庭や社会からははじかれ、どこにも自分の居場所がない人々が増えています。この言葉は、そうした孤独に悩んでいる人々にこそ響くのではないでしょうか。

言葉

日を背に受けている人は、暗い景色しか見えませんが、日に向かって歩む人の前途は明るく開けています。気持ちが落ち込んでいると、することなすことすべてが禍を招くものですが、気持ちを晴れやかにして生きれば、不思議と光明が差すものです。

『性霊集』

原文

心暗きとき、遇うところ悉《ことごと》く禍《わざわ》いなり　眼《まなこ》明らかなれば途《みち》に触れて皆宝《みなたから》なり

空海は大学時代、自分の進むべき道について思い悩みました。このとき空海は、安易な道を選んだりせず、自分の心に正直に信ずる道を進みます。その結果、密教というかけがえのないものと出会うのです。前向きな姿勢が、空海の人生を変えたのです。

この言葉は、こうした経験があるからこその言葉です。もし悩んでいるなら、まずは前向きな気持ちを持つことです。

言葉

今のあなたは本当のあなたではありません。間違った想いにとらわれ、空しく迷いのなかにまどろんでいるだけです。早く本当の自分を見出すべきです。

『秘蔵宝鑰』

原文

いたずらに妄想《もうそう》の縄に縛られて空しく無《む》明《みょう》の酒に酔えり

自分を他人と比較してみじめな気持ちになっている人や、反対に優越感におぼれている人は、ぜひこの言葉を噛みしめてください。

わたしたちはつい周囲と比較してしまいがちですが、そこからは悩みやおごりしか生まれません。空海は、それを酒に酔っているようなものに過ぎないと述べています。周りに引きずられずに主体的に生きてみましょう。

言葉

自然世界が消え去り、人々が絶えてしまい、お悟りの世界もなくなってしまったなら、この世の生きとし生けるものすべてを幸せにするというわたしの願いも尽きてしまうでしょう。

『性霊集』

原文

虚空《こくう》尽き、衆生《しゅじょう》尽き、涅槃《ねはん》尽きれば、わが願いも尽きん

人が生き続けているかぎり、空海の願いも生き続けます。空海は現代に生きるわたしたちの幸せも願ってくれているのです。まさに同行二人《どうぎょうににん》です。

近年、家族やふるさと、会社とのつながりが切れてしまう無縁社会が広がっています。将来に不安を抱いている人も多いのではないでしょうか。でも、この世には、あなたを見守り救おうとしている存在が必ずいます。あなたは決して一人ではないのです。

言葉

美しい蓮の花を見ては、自分のなかには清浄なものがそなわっていることを知り、果実を見て自分の心に仏徳がそなわっていることを悟るのです。

『般若心経秘鍵』

原文

蓮を観《かん》じて自浄《じじょう》を知り、菓《このみ》を見て心徳《しんとく》を覚《さと》る

美しいものを見て美しいと思えるのは、あなたの心が美しいからです。わたしたちは他人から否定されたりすると、自分は価値のない人間なのではないかと落ち込んでしまうことがあります。

でも自分を卑下しないことです。あなたには美しいものを美しいと思える心があります。その心は無限の可能性を秘めているのですから。

言葉

真言はじつに不思議です。唱えると心が落ち着きます。それは迷いから解き放たれ、わたしのなかにおられる仏が立ちあがってくるからです。

『般若心経秘鍵』

原文

真言は不思議なり　観誦《かんじゅ》すれば無明を除く

密教における真言とは、大日如来の真実の言葉にほかなりません。現代における真実の言葉とはいったいなんでしょうか。

それは、感謝の言葉であり、他人を想う言葉であり、あいさつの言葉ではないでしょうか。とくにコミュニケーションの第一歩となるはずのあいさつができない人がじつに多いように思います。積極的に感謝の言葉やあいさつの言葉を発してみましょう。心穏やかになるはずです。

言葉

あなたの心のなかに仏があることを知らず、迷い苦しんでいる姿をさとりだと錯覚しているなら、それはなんとおろかなことでしょう。

『秘蔵宝鑰』

原文

ああ自宝《じほう》を知らず、狂迷を覚《さとり》とおもえり 愚《ぐ》にあらずして何ぞ

人は、幸せを求めるあまり、つい外へ外へと目を向けがちです。それを空海は、なんとおろかなことだろうと嘆いています。本当の幸せは自分の心のなかにあることを指摘しているのです。

ほかにもっと宝物があるのではないかと求め続けることは、新たな悩みを生み出すだけです。幸せの青い鳥は、自分のなかにあるのです。

言葉

おろかな画家が恐るべき夜叉の像を彩画し、それを見て心に恐怖をおぼえて地面に倒れてしまうように、人は自分の妄想によって惑わされ、驚き恐れているのです。

『吽字義』

原文

かの無智の画師の自ら衆綵《しゅうさい》を運んで　可《か》畏《い》夜《や》叉《しゃ》の形を作《な》し、成《な》し已《おわ》って還《かえ》って自らこれを観《み》て、心に怖畏《ふい》を生じてたちまちに自ら地に躄《たお》るるがごとし

我々は、自分の世界に固執するあまり、それにそぐわない現実を拒絶してしまうことがあります。しかし、こうあるべきだと思うことは、往々にして、ただの妄想に過ぎないのです。

現実を見ていない理想は、あなたの思い込み、妄想にほかなりません。

言葉

慈しみ深く、麗しい両親の姿は、会いにくく別れやすく、そして去りやすく、留まりがたいものだ。

『性霊集』

原文

会いがたくして別れやすきは慈親《じしん》の芳儀《ほうぎ》　去りやすくして留まりがたきは恩愛《おんあい》の香《かんば》しき中なり

現代社会では親子の関係が希薄になっています。

本来、子どもにとって両親はかけがえのない存在のはずです。親を慈しんだり尊敬したりすることは、本来、当たり前のことなのです。最近はそうした態度を軽蔑し、軽んじる風潮がありますが、それはとても悲しいことです。

言葉

わたしたちが他人に行なうべきは、布施をすること、優しい言葉をかけること、その人のために働きかけること、そして他人と心を通わせることです。

『秘密三昧耶仏戒儀』

原文

四摂《ししょう》とは、いわゆる布施《ふせ》と愛語《あいご》と利行《りぎょう》と同事となり

この教えを言い換えるならば、まさしくボランティアの精神といったところでしょうか。

必ずや人の心のどこかに、「なにか手伝ってあげたい」「力になってあげたい」という無償の愛が存在します。

にもかかわらず、あまりにも身勝手な振る舞いや考え方で、周囲を困らせる人がいかに多いことか。人の気持ちを汲む力が弱まってきているように思えてなりません。

言葉

この世のすべての男は父であり、女は母であり、すべての人々は両親であり、先生であり、友人であります。

『教王経開題』

原文

一切の男子はこれわが父なり　一切の女人はこれわが母なり　一切の衆生は、これわが二親師君《じしんしくん》なり

最近、他人に感謝したことがあるでしょうか。

若いときは、ついつい自分一人で道を切り開いてきたと錯覚しがちです。もちろん、努力あっての現在の自分があることは否定しませんが、間違っても「一人で生きてきた」などとは思わないことです。親をはじめ、恩師、友人、社会があってこその今の自分なのです。

●以下の文献を参考にさせていただきました

『空海密教の宇宙』宮坂宥勝、『弘法大師のすべて』『図説　大日如来と密教の仏たち』大法輪編集部、『図解　曼荼羅の見方』小峰彌彦（以上、大法輪閣）／『真言宗小事典』福田亮成（法蔵館）／『空海　生涯とその周辺』高木訷元（吉川弘文館）／『ルポ空海』佐藤健ほか、『空海の世界』上山春平ほか（以上、佼成出版社）／『空海の企て』山折哲雄（角川学芸出版）／『空海の足跡』五来重（角川書店）／『弘法大師　伝承と史実』武内孝善、『真言宗の常識』新居祐政（以上、朱鷺書房）／『私度僧空海』宮崎忍勝、『図説　役行者』石川知彦、小澤弘、『謎の空海』三田誠広（以上、河出書房新社）／『空海と中国文化』岸田知子（大修館書店）／『京都・宗祖の旅　空海』沢田ふじ子（淡交社）／『沙門空海』渡辺照宏、宮坂宥勝（筑摩書房）／『目でみる仏像』田中義恭、星山晋也（東京美術）／『平安のマルチ文化人　空海』頼富本宏（日本放送出版協会）／『日本を創った人びと3　空海』田村圓澄（平凡社）／『イラストでわかる　密教　印のすべて』藤巻一保、『図解　密教のすべて』花山勝友監修、『仏像がよくわかる本』瓜生中（以上、ＰＨＰ研究所）／『空海の水』萩原弘道（サンロード）／『仏像の見方』澤村忠保（誠文堂新光社）／『印と梵字　ご利益・功徳事典』児玉義隆、『真言陀羅尼とお経　功徳・ご利益事典』大森義成、『印と真言の本』、『密教の本』、『真言密教の本』、『詳解　空海と真言宗』福田亮成、『仏尊の事典』関根俊一、（以上、学習研究社）／『知の教科書　密教』正木晃（講談社）／『詳説　日本史研究』五味文彦ほか（山川出版社）／『空海と真言宗　知れば知るほど』宮坂宥洪（実業之日本社）／『あなただけの弘法大師空海』松長有慶ほか（小学館）／『よくわかる仏事の本　真言宗』池口恵観監修、『図説　神秘の世界　超人空海』『密教と曼荼羅』（以上、世界文化社）／『弘法大師空海の寺を歩く』武内孝善（ＪＴＢパブリッシング）／『空海　物語と史蹟をたずねて』八尋舜右（成美堂出版）／『図解雑学　空海』頼富本宏（ナツメ社）／『うちのお寺は真言宗』藤井正雄総監修（双葉社）／『高野山　超人・空海の謎』百瀬明治（祥伝社）／『密教仏像図典』頼富本宏、下泉全暁（人文書院）

福田亮成（ふくだ　りょうせい）

1937年東京生まれ。真言宗智山派成就院長老。1955年、東洋大学文学研究科仏教学専攻博士課程修了。大正大学教授、智山伝法院々長を経て、現在、大正大学名誉教授。独特の密教世界をわかりやすく伝えるために、メディアや講演をとおして積極的に活動している。著書に『理趣経の研究ーその成立と展開ー』（図書刊行会）、『空海思想の探究』（大蔵出版）、『弘法大師の教えと生涯』（ノンブル社）、『空海要語辞典I〜III』（山喜房佛書林）などがある。

装幀　石川直美（カメガイ デザイン オフィス）
カバー写真提供　観蔵院
本文マンガ・イラスト　税所昭彦・松元保郎
協力　日本マンガ塾
本文デザイン　ライラック
編集　鈴木恵美（幻冬舎）

知識ゼロからの空海入門

2011年６月25日　第１刷発行
2025年５月30日　第６刷発行

監　修　福田亮成
発行人　見城　徹
編集人　福島広司

発行所　株式会社 幻冬舎
〒151-0051　東京都渋谷区千駄ヶ谷4-9-7
電話　03-5411-6211（編集）　03-5411-6222（営業）
公式HP：https://www.gentosha.co.jp/
印刷・製本所　株式会社 光邦

検印廃止

ISBN978-4-344-90225-1 C2095
Printed in Japan